中国起源地文化志系列丛书

起源地文化传播中心　中共长子县委宣传部

中国精卫文化

ZHONGGUO JINGWEI WENHUA

山西长子卷

刘德伟　李竞生　编著

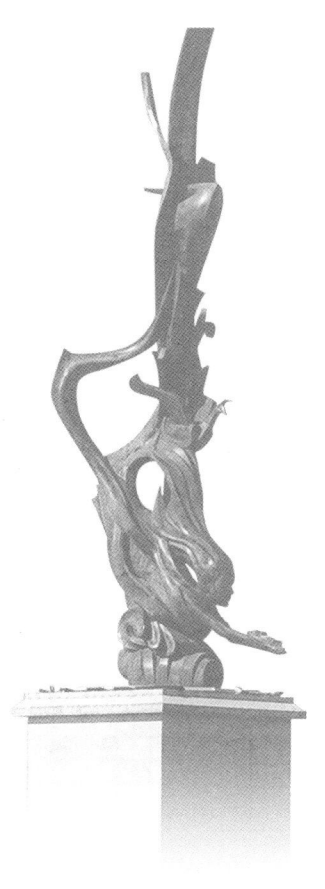

知识产权出版社
全国百佳图书出版单位
—北京—

图书在版编目（CIP）数据

中国精卫文化.山西长子卷/刘德伟，李竞生编著.—北京：知识产权出版社，2021.11
ISBN 978-7-5130-7783-5

Ⅰ.①中… Ⅱ.①刘… ②李… Ⅲ.①俗文化—研究—中国 Ⅳ.①G122

中国版本图书馆CIP数据核字（2021）第208944号

责任编辑：宋 云 赵 昱　　　　责任校对：王 岩
文字编辑：赵 昱　　　　　　　　责任印制：刘译文

中国精卫文化·山西长子卷

刘德伟　李竞生　编著

出版发行：知识产权出版社有限责任公司	网　　址：http://www.ipph.cn
社　　址：北京市海淀区气象路50号院	邮　　编：100081
责编电话：010-82000860转8388	责编邮箱：songyun@cnipr.com
发行电话：010-82000860转8101/8102	发行传真：010-82000893/82005070/82000270
印　　刷：三河市国英印务有限公司	经　　销：各大网上书店、新华书店及相关专业书店
开　　本：720mm×1000mm 1/16	印　　张：12.75
版　　次：2021年11月第1版	印　　次：2021年11月第1次印刷
字　　数：149千字	定　　价：68.00元
ISBN 978-7-5130-7783-5	

出版权专有　侵权必究
如有印装质量问题，本社负责调换。

《中国起源地文化志系列丛书》总编委会

总 顾 问	张　柏　罗　杨
顾　　问	丁春明　陈少峰
总 主 编	刘德伟
执行总主编	李竞生
委　　员	程　路　曹保明　万建中　刘　华　韦苏文
	麻振山　徐岫鹃　刘德伟　李竞生　何文义
	张晓欢　常祥霖　罗宏才　路卓铭　曲云华
	曹　莹　唐　磊　于　滢

《中国起源地文化志系列丛书》《中国精卫文化·山西长子卷》编委会

主　　任	刘德伟　申丽光
副 主 任	李竞生　曹　莹　陈小素
委　　员	张　柏　万建中　林继富　刘德伟　刘亚虎
	高有鹏　罗宏才　丁春明　李竞生　曲云华
	申丽光　花俊富　程子健　李　蹊　杨　路
	张　明　李建文　秦学荣　王建宏　高志雄
	王贵明　陈小素　赵婷婷　曹　莹　唐　磊
	陈昱希　刘　蓉　孙永清　于　滢　张士彬
	方　喆

主编简介

刘德伟，毕业于北京大学哲学系。现任中国文联民间文艺艺术中心副主任、编审，上海大学特聘教授。曾任《民间文化论坛》杂志社社长兼主编，中国民间文化遗产抢救保护中心主任，中国民间文艺家协会理事，中国文艺评论家协会理事，中国大众文化学会理事。近年主要承担非物质文化遗产抢救保护和理论研究、中国民协专业委员会建设管理、中国民间文化艺术之乡建设管理、民间文艺创作和培训、民间文艺志愿服务等工作。承担民间文化遗产抢救工程相关出版工作的选题策划、编辑审核、田野调查等工作。组织编撰《中国民间故事全书》《中国民间故事丛书》《中国民间文化艺术之乡丛书》《中国木版年画集成》《中国民间文化杰出传承人》《中国蓝印花布文化档案》《中国历史文化名城·名镇·名村丛书》《中国传统村落立档调查图典》等。在相关报刊发表新闻作品、学术论文和田野调查报告多篇，著有个人文集《享受台风》《民间文化起源地探源与文化创意产业研究》，编著有《中国旗袍文化·沈阳卷》《中国葫芦文化·天津宝坻卷》《中国精卫文化·山西长子卷》等。

李竞生，毕业于北京大学，现任中国民协中国起源地文化研究中心执行主任、中国西促会起源地文化发展研究工作委员会主任、起源地城市规划设计院院长、起源地文化传播中心主任，中国民间文艺家协会会员。兼任北京大学科技园创业导师，宁夏回族自治区中宁县人民政府、河北省宽城满族自治县人民政府、山西省长子县人民政府等文化产业顾问。入选2017年、2018年、2019年中国文化产业年度人物100名候选人名单。主要研究领域为起源地文化、文化创意、文化产业、文化旅游、知识产权、品牌策划、品牌管理等。主要作品有《中国起源地名录》《蒙学十三经》《蒙学五经》《满族文化美食四十九道馔》《民间文化起源地探源与文化创意产业研究》，以及《中国起源地文化志系列丛书》之《中国旗袍文化·沈阳卷》《中国葫芦文化·天津宝坻卷》《中国精卫文化·山西长子卷》等。

长子风光（长子县历史文化研究院　供图）

长子风光（长子县历史文化研究院　供图）

精卫湖国家湿地公园（长子县历史文化研究院　供图）

发鸠山（长子县历史文化研究院　供图）

发鸠山上的"精卫祠"(长子县历史文化研究院 供图)

灵湫庙内的精卫塑像(中)(长子县历史文化研究院 供图)

灵湫庙（长子县历史文化研究院　供图）

浊漳河源头（长子县历史文化研究院　供图）

根雕作品：精卫填海（长子县历史文化研究院 供图）

中国精卫文化起源地研究课题调研及开题研讨会（曹莹 摄）

中国精卫文化起源地研究课题启动仪式（刘承祥　摄）

中国精卫文化起源地研究课题组专家在发鸠山田野调查（刘承祥　摄）

中国精卫文化起源地研究课题组专家在发鸠山田野调查（曹莹　摄）

中国精卫文化起源地研究课题组专家在灵湫庙田野调查（唐磊　摄）

中国精卫文化起源地研究课题研讨论证会（曹莹 摄）

中国精卫文化起源地研究课题成果在北京发布（唐磊 摄）

序一 欲流之远者，必浚其泉源

万事万物皆有源。

每一项历史存在的来龙去脉缘聚缘散，都不是简单的花落花开云去云来，而是蕴含着复杂的因果必然。

那个"我从哪里来？"的亘古命题，至今仍有诸多谜团有待破解。今天，人类总是在不断发现中不断接近自我的本来真相。研究起源文化正是要揭开一个个神秘的历史悬案的面纱。

源头起点蕴含着丰沛的原动力。从源头中汲取智慧的营养，把握事态的端倪和变化发展的轨迹，透彻地观照历史走向的规律，可以更好应对现实要求和社会变迁。

"往古者，所以知今也"，一个民族要敬仰自己的先贤，敬畏自己的历史，要记住和珍视自己从哪里来。不知道从哪里来，就不知道向哪里去，不了解自己的历史，就无法面向未来。

中国人素有认祖归宗的文化传统和追根溯源的民族特

质。这是我们这个古老民族的美德和智慧,也是中华文明几千年薪火相传文脉不断的根本缘由。

一片能够孕育出文明的土地,就像是一个有着鲜活生命的机体存在,自有其精神灵性的飞动,如同一个有着时间与空间的历史孵化器,成为这一地域人类文化的生命摇篮。

每个地域都会生长出自己的精神,从而造就出这里的人的独特个性气质,成为这里人的族群的生命之花朵的陈酿。

每当一种文化诞生后,都会带着一根隐形的剪不断的脐带,那就是与他生死相连的源自起源地特有的血缘基因,并会终生都鲜明地体现出文化的籍贯与烙印,以及永远都抹不掉的胎记,成为一条不竭的文化脉动。

所谓"以古为鉴,可以知兴替",历史是过去的现实,起源是历史的发端,所有现实的飞舞,都是历史的化蝶。起源的活水在,历史就是活着的;历史是活着的,现实就仍会生发着勃勃生机。

"问渠那得清如许,为有源头活水来",对于那些已然消逝的过去和模糊的曾经,无论是盛世荣光还是乱世哀鸣,都有着必然的历史规律,挖掘出掩埋在古老时光中的那些宝贵的成因以及经验和规律,以之馈赠给今天的人们,无疑有着重要的价值和意义。因此找到和知道源头尤为重要。

中国人历来以自己有悠久的历史和光辉的古代文明而感到自豪。但这个文明究竟是什么时候起源的,在世界文明史上又占有什么地位,以前我们很少深究。

对起源地文化的探究,会让一个民族寻回自身的文化基因,从文化中获得警示,从文化中汲取力量,从民族根性文化和起源地文化之中去挖掘原生的动力和潜力,而后则能够

序一
欲流之远者，必浚其泉源

得到再创造、再发现、再前进的源发性活力与动力。

欧洲文艺复兴时期，知识精英们回望了先祖的文化，他们回到了古希腊、古罗马，去汲取他们的祖先给予的力量，从而开创了欧洲文化的新纪元，也实现了人类文明的新发展。今天的中国何尝不是进入到了这样的一个新时代呢，是不是也应该酝酿和亟须一次来自亘古动力的伟大复兴呢？

在文化面前我们应该是卑躬的；在起源面前我们应该是敬重的。探寻起源文化需怀有一颗敬畏之心，毕恭毕敬地弯下腰来，沉下心来，轻轻地拂去时间的落垢尘埃，掬手映月，小心翼翼地触摸和捧奉，屏声敛气走进历史的地下层、文化的深水区，钩沉出诗意的碎片，打捞上史剧的绝响。

世事沧桑，弹指千年。或许人类对远古文明的起源记忆和线索，很难从文书典籍或书本课堂里获得，只有走出书斋深入生活，走进民间去洞悉那些来自农家的土炕上、乡村的田野里，以及源自遥远的历史进程中带着泥土气息和乡音的传说和故事里去探寻和挖掘。

"礼失求诸野。"当我们以科学的态度去探索和诠释那些无法触及、很难追溯、不可思议的古老文明时，你会发现有一条民间的线索仍在延伸着，传承着，诉说着与此相关的，具有鲜活生命印记的许多优美传说。而这些都可以作为我们探寻起源地文化的佐证。

《中国起源地文化志系列丛书》在田野调查、文字记录、图片拍摄和音频视频等信息采集及查阅大量史料的基础上，形成了以中国起源地文化研究课题的成果，力求紧扣区域特色，彰显民族民间文化多样性，多维度、多向度、全方位、全景观地展现起源地文化风貌，以及新时代人文精神的宏大历史背景和微观叙事的再现。以客观、科学、理性的态度记录、梳理、传承、发展、传播各物质、非物质文化的起源。

找到了一种物质文明和非物质文明的起源，无异于获得了一把打开和解读这种物质世界和精神世界的钥匙。

"欲流之远者，必浚其泉源。"探明文化的积淀"库存"，开掘文化的富矿资源，用好文化的起源活水，激发文化的凝心聚力、成风化人的独特作用。我们就一定可以发时代之先声、开社会之先风、启智慧之先河，让古老的文化促进当代社会的变革前进和国家的兴旺发展。功莫大焉。

二〇二〇年十月

序二 保护起源地文化宣言

问渠那得清如许,为有源头活水来。

中华文明源远流长,翘楚世界,建今日之中国,必承往日之中国。

鉴此,我们郑重宣告:

克承传统,光大传统,取精华、涤糟粕、融时代,为终生奋斗之事业。

筚路蓝缕,不绝清音。

上溯三皇五帝,历代高贤大德,莫不以修齐治平立命,虽百死不夺其志。

故中华民族之时代精神,即社会主义核心价值观。

民为国本,德为人本,廉为官本,公为治本。

溯本求源,本末兼之,方为上善。

文以载道,任重而道远。

温文尔雅,不坠泱泱礼仪之邦。

三人成众,双木成林。

风成化习,果行育德,斯文大盛。
期待同道,与我同袍;
期待同泽,与我偕行!

罗杨
二〇一四年十二月

前言

精卫是"精卫填海"的主人公，精卫填海是中国十大神话故事之一，是中华优秀传统文化的重要组成部分，寄托着中华民族坚韧不拔、自强不息、不畏艰险、持之以恒的精神意志，并以独特的方式彰显着中华优秀传统文化的无限魅力。同时，梳理精卫文化脉络、传承精卫文化精髓、弘扬精卫精神是践行社会主义核心价值观的重要方式，也是传递中国声音、讲好中国故事的重要举措。

关于精卫文化，最早的记载在《山海经·北山经》中，文中这样描述：又北二百里，曰发鸠之山，其上多柘木。有鸟焉，其状如乌，文首、白喙、赤足，名曰精卫，其鸣自詨。是炎帝之少女，名曰女娃。女娃游于东海，溺而不返，故为精卫，常衔西山之木石，以堙于东海。其大意为：再向北走二百里，有座山叫发鸠山，山上长了很多柘树。树林里有一种鸟，它的形状像乌鸦，头上羽毛有花纹，白色的嘴，红色的脚，名叫精卫，它的叫声像在呼唤自己的名字。这其实是

炎帝的小女儿,名叫女娃。有一次,女娃去东海游玩,不幸溺水而死未能回来,因此化为精卫鸟,经常叼着西山上的树枝和石块丢进海里,用来填塞东海。

关于精卫精神,无数文人大家予以歌颂。晋代诗人陶渊明在诗作《读山海经·其十》中写道:"精卫衔微木,将以填沧海。"赞扬了精卫敢于向大海抗争的顽强精神。明末清初思想家顾炎武在诗作《精卫》中写道:"大海无平期,我心无绝时。"借精卫填海的精神,坚定地表达了自己舍身报国的决心。

为进一步挖掘精卫文化、讲好精卫文化故事,2020年4月,中共长子县委宣传部、长子县历史文化研究院向起源地文化传播中心申报了中国起源地文化研究课题项目;同年10月,成立了中国精卫文化起源地研究课题组,充分借鉴社会各界的研究成果,继承传统、开拓创新,专门对精卫文化进行了系统梳理。

《中国起源地文化志系列丛书》之《中国精卫文化·山西长子卷》基于中国精卫文化起源地研究课题成果,结合《中国起源地文化志系列丛书编纂出版规范》进行系统梳理,主要以精卫文化在山西长子的发展历史及现状为基础,将精卫文化发展脉络、地理环境、时空传播、资源特色、民俗特征、产业发展等进行系统挖掘整理,以精卫文化起源、发展、演变为核心,通过开展田野考察、文字记载史、口述史等综合分析,形成重要成果。

文化传承、创新发展是精卫文化的重要精神内核,其倡导的爱国、爱家、爱民、爱自然、爱和平、尊重历史、尊重发展、尊重创新、反对强权、和谐共生的理念与人类命运共同体等理念相契合。未来，我们将继续深化精卫文化在全国乃至全球区域文化、经济交流中所起到的积极作用，凝聚全球精卫文化产业和各界人士的共识，强化精卫文化的精神纽带作用，展示新时代和平中国、天下一家的负责任的大国形象，推进"一带一路"沿线国家和地区的民心交融，让精卫文化在人类文明交流互鉴中发挥出新的纽带作用。

目 录 >>>

第一章 精卫文化的起源 ··· 001
- 第一节 长子县的自然地理 ··· 001
- 第二节 长子县的历史人文 ··· 006
- 第三节 《山海经》与精卫 ··· 014
- 第四节 精卫填海 ··· 019

第二章 精卫文化的传播 ··· 026
- 第一节 精卫形象的塑造与演变 ··· 027
- 第二节 精卫所蕴含的民族精神 ··· 035
- 第三节 精卫文化的流传 ··· 041

第三章 精卫文化的艺术表现 ··· 046
- 第一节 文学作品 ··· 047
- 第二节 民间文化 ··· 055
- 第三节 地方活动 ··· 061

第四章 精卫文化的传承与保护 ··· 070
- 第一节 精卫文化的意义 ··· 070
- 第二节 中国精卫文化起源地研究课题 ··· 072
- 第三节 重视人文及生态保护 ··· 105

第五章 精卫文化的创新发展 ·········· 109

第一节 丰富精卫文化推广形式 ·········· 110
第二节 整合精卫文化旅游资源 ·········· 118
第三节 打造精卫文化旅游品牌 ·········· 141

结　语 ·········· 152

参考文献 ·········· 154

后　记 ·········· 156

起源地文化传播中心简介 ·········· 159

附　录 ·········· 165

第一章 精卫文化的起源

精卫文化起源地在山西省长子县。作为中国十大神话传说之一的"精卫填海",是中华民族不屈不挠精神的集中体现。无论是白发苍苍的老人,抑或是牙牙学语的孩童都能说出一二。长子县是一座历史悠久的古城。清朝时编修的《长子县志》载:"唐尧之世,封长子丹朱于境,故县名长子。"也就是说,长子这个地名起源于远古的尧舜时期,并延续至今。

第一节 长子县的自然地理

长子,隶属于山西省长治市,地处山西省东南部,上党盆地西南侧,全县总面积1029平方公里。属黄土高原区,地处太岳山脉向太行山上党盆地的过渡带,三面环山,跨越太行山可探中原地区和华北平原。地势西高东低，呈三级阶梯状，由于长期受地壳运动影响，境内山、川、滩、谷、岭、沟、坡等地貌形态俱全，海拔高度相差明显。长子县境内山脉起于发鸠山，蜿蜒20余公里，整体呈南北走向，形成一道天然屏障。发鸠山的主峰为方山，海拔1644米，此处峰峦叠嶂，怪石嶙峋，向北延伸为顶顶山，往南伸展为长子、沁水、安泽三县的分界地安泰山，转折向东为长子、沁水、高平的分界处仙翁山，继续向东延伸为羊头山。长子县地表水以发鸠山主峰方山为界，东属海河水系，浊漳河、岚河、丹河、雍河、陶清河自西向东注入浊漳河，终归海河；西属黄河水系，横水河、王峪河自东向西流入沁河，终归黄河。

长子山川（长子县历史文化研究院　供图）

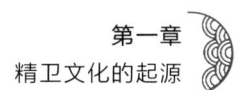

第一章 精卫文化的起源

上党之名,最初源于其地势,此地危峰秀拔、势凌霄汉,《长子县志》记载:"日夕诸山俱暝,而此峰返照犹光,故俗传此山比天下名山高三尺。"但其实此地并非山高,而是地处黄土高原,海拔高,绝对地势高;且群山环绕,相对地势亦高。先秦之人视其为"天下之脊",喻其"与天为党",因此取名为"上党"。上党的西部是太岳山脉,东面是太行山脉,南面为王屋山,整体来说上党被几大山脉包围,成为一块拥有巨大潜力的大型盆地。如果以河流来划分整个上党,可以由北至南划分为两大块,一块为"漳河"流域,一块为"沁河"流域,而漳水的南支——浊漳水,则孕育出了上党的地缘中心——长治盆地。早在新石器时期,长治盆地便有人类开始活动,许多古代神话亦发源于此,这里土地平整、水源充足,为人类大规模的农业生产提供了良好的地理基础。长治盆地与阳城盆地、晋城盆地一起构成了广义上的"上党盆地"。群山环抱、河流发达的特殊地形,使得上党更大的价值体现在其位置坐标之上,具有极高的军事战略价值,这里海拔较高、地形险要、易守难攻,自古便为兵家必争之地,为历代建功立业者所倚重。这里从来金戈铁马、烽烟不断,素有"得上党而望中原"之说。

特殊的地势使得位于此地的长子县在气候、植被、矿产等多方面均有其独特之处,使生活在这里的人们受益久远。长子县属暖温带大陆性季风气候,受冷暖空气交替影响,四季分明,气候温和,雨热同季,季风强盛,全年日照充足。又因地形复杂,海拔高低差异大,区域气候垂直变化显著,形成了同时间、同纬度而气候不同的地理现象。长子县境内野生动植物种类繁多,有野生动物35种、野生植物

今日长子(长子县历史文化研究院 供图)

长子县发鸠山(刘亚虎 摄)

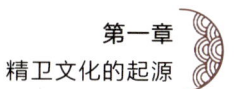

第一章 精卫文化的起源

长子县发鸠山（李竞生　摄）

1500多种。煤、铁、锰、钛、重晶石、泥炭、陶土等矿产资源丰富。

长子县交通便利，在古代就被称为"晋豫通衢""秦晋通衢"，而今长临高速穿境而过，太焦铁路、中南铁路交汇于此，中南铁路沿线最大的铁路编组站建于长子县。

第二节　长子县的历史人文

长子县全县共辖9镇2乡2个中心，总人口29.87万人，是全国文明县城、中国宜居宜业典范县、国家园林县城、国家卫生县城、全国文化先进县、中国民间文化艺术之乡。

长子县历史悠久，源远流长，是炎帝桑梓、尧王故里、丹朱封地、精卫之乡、西燕国都、千年古县。《竹书纪年》《太平御览》等典籍记载："尧帝陶唐氏，祁姓也，母庆都，孕十四月而生尧于丹陵。"据考证，丹陵即长子县南的丹朱岭，尧生于长子，长于太岳山长子一带。后尧封大儿子丹朱于此，此地因而得县名——长子。时至今日，在长子县北高庙和城西古城圪堆处，依然可见当时丹朱带领人们筑城而留下来的城墙夯土遗迹。

长子风光（长子县历史文化研究院　供图）

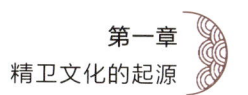

据《尚书·禹贡》记载，尧分天下为九州，长子初属冀州，舜时改属并州。《汉书·地理志》载："长子，周史辛甲封邑。"周文王封太史辛甲于长子。秦统一天下后，置长子县，为上党郡治，汉袭秦制。晋太元十一年（386），鲜卑族慕容永建都于此，为西燕国都。隋代开皇年间复称长子县，此后，县名历代未改。民国时期，初属冀宁道，后直属山西省。抗日战争时期，长子城在太行山抗日游击战中亦留下可歌可泣的一笔，后日寇侵占长子城，1945年8月15日全县解放。中华人民共和国成立后，建立长子县人民政府，属山西省长治专员公署领导，1985年7月，实行市管县体制，长子县隶属长治市。2007年9月，长子县被联合国地名专家组命名为"千年古县"。

在长子县，自然风光、名胜古迹不可胜数，二者相融合，其中所蕴含的是深厚的人文精神。位于长子南面的羊头山，据传炎帝曾在此始尝百草，试种五谷，教民耕作，自此开启了中华民族农耕等系列文明。西部的发鸠山，是著名神话传说"精卫填海"的诞生地，山上青松翠柏，百鸟啁啾，山脚涌出的清泉即浊漳源头，从古至今川流不息。西南部的仙翁山，有迄今2.5亿年的木化石群落，世所罕见，是展示地质演变史不可多得的素材，对地球历史研究意义重大。

长子县城北的吕祖阁（长子县历史文化研究院 供图）

长子县共有国家级重点文物保护单位14处，建造时间自战国时期至太平天国年间，时间跨度极大。战国墓、法兴寺、伏羲庙、天王寺等更是为人们所熟知。其中法兴寺的舍利塔建筑外形独特，似塔非塔，似殿非殿，在中国现存的古塔中是独一无二的；燃灯塔造型优美，雕刻精细，是我国现存石灯塔中的上佳之品；圆觉殿中的圆觉菩萨造像面部丰腴，神态俊逸，庄重优美，服饰衣衫线条流畅，极富韵律，是宋代彩塑艺术的代表作。

长子响铜乐器、长子八音会、长子鼓书已成为国家级非

全国重点文物保护单位法兴寺（唐磊 摄）

法兴寺的舍利塔（唐磊 摄）

法兴寺"十二圆觉菩萨造像"（长子县人民政府网站　供图）

物质文化遗产。长子县享有"铜乐器之乡"的美誉，是中国最早生产铜乐器的地方。唐贞观年间，长子县所做的响铜乐器因其"千锤打锣，一锤定音"而遍及各地，享誉天下。古人把铜制的钟、石制的磬等八种乐器合奏出来的声音称为"八音"。长子八音会集民间发声器物之灵韵，高亢、激越，气势恢宏，热烈奔放，深受群众喜爱，祭祀祈福、婚丧嫁娶、逢年过节均可见其演奏。长子地方曲种繁多，曲种有长子鼓书、长子道情、长子钢板书、长子莲花落、长子扇鼓、长子鼓儿词等。长治市地方曲种有近一半出自长子，长子可称为"曲艺之乡"。宋元时期，曲艺便已出现在长子，先是评书，后逐渐出现长子道情和扇鼓。至清末民初，在吸收梆子、道情等唱腔的基础上，长子鼓书初步形成。在抗日战争中，长子县抗日政府组织了长子历史上第一个有盲人参加的曲艺队，用以宣传抗日爱国运动，对发动群众抗战，作出了特殊而重要的贡献。20世纪80年代后期，长子鼓书迅速发展，风靡上党大地。

长子自古人杰地灵，历史文化名人辈出。北魏历算家李业兴勤奋好学、博览群书，诸子百家、图纬、风角、占候无不精通，尤擅天文历算，其所作《戊子元历》《甲子元历》《九宫行棋历》对后世影响深远。唐代贞观年间长子县令"崔珏断虎"的故事至今在民间广为流传。金代崔法珍发愿向佛，断臂出家，募资刊刻《赵城金藏》。元代宋子贞，工于词赋，心怀天下，建立新庙学，制定典章制度，官至中书平章政事。清代著名的书法家和诗人冯士翘，虽一生不曾入仕，却善古今书法，能文能词，乾隆帝赞其为"天下书法第七杆笔"。长子县北高庙烈士陵园内还保存着冯士翘的真迹《纯阳祠碑》。

如今长子县依托重要的地理位置、丰厚的地产资源、深

长子名人：丹朱画像（长子县人民政府网站　供图）

长子名人：李业兴画像（长子县人民政府网站 供图）

长子名人：辛甲画像（长子县人民政府网站 供图）

长子名人：鲍宣画像（长子县人民政府网站 供图）

厚的文化底蕴，经济快速发展，一二三产业携手并进，农林牧渔稳步增长，积极探索电商合作，打通地理界限，在2020年8月入选农业农村部"互联网+"农产品出村进城工程试点名单。

长子县稳增长、促改革、调结构、惠民生，开创了县域经济社会高质量发展的新局面。经济的稳步前进为文化的发展奠定了坚实的基础，精卫文化源于长子，历久弥新，生生不息，与长子优越的人文环境息息相关。

第三节 《山海经》与精卫

一、《山海经》中的精卫故事

《山海经》是中国先秦时期的一部重要古籍,其传世版本共计 18 卷,主要记述了民间传说中的地理知识,保存了精卫填海、夸父逐日、大禹治水等不少脍炙人口的远古神话传说和寓言故事。《山海经》中《山经》5 卷,以四方山川为纲,依南、西、北、东、中的方位次序分篇,记述内容涵盖古史、草木、鸟兽、神话、宗教等。

《山海经》(陈昱希 摄)

第一章
精卫文化的起源

精卫的故事最早见于《山海经·北山经》：

又北二百里，曰发鸠之山，其上多柘木。有鸟焉，其状如乌，文首、白喙、赤足，名曰精卫，其鸣自詨。是炎帝之少女，名曰女娃。女娃游于东海，溺而不返，故为精卫，常衔西山之木石，以堙于东海。漳水出焉，东流注于河。

发鸠山位于长子县城西25公里处，精卫湖位于发鸠山东麓，距长子县城西7.5公里处。发鸠山曾有纪念炎帝的"医祖庙""医祖塔"以及纪念精卫的"帝女阁""精卫祠"等建筑，皆于抗日战争和"文革"时被毁。迄今尚有"医祖庙""精卫祠"和"帝女阁"等遗址。现在看到的"精卫冢"和"精卫祠"皆重建于2013年前后。今天的精卫祠祭台下仍有原"精卫冢"被毁时遗留下来的砖雕"大海碧波万丈深"的残块。发鸠山后山还有传说中的皇姑坟遗址。

"精卫冢"（长子县历史文化研究院 供图）

原"精卫冢"被毁时遗留下来的"大海碧波万丈深"的砖雕
（长子县历史文化研究院　供图）

发鸠山上"帝女阁"遗址（长子县历史文化研究院　供图）

由此可见，如果精卫形象确实存在，那么她应该是七八千年前的女孩。《山海经》所讲述的故事简略明了，读来却一波三折，意蕴绵长。故事从鸟开始叙述：再向北走二百里，有一座山名发鸠山，山上有很多柘树。在树林中有一种鸟，它的身体形状像乌鸦，头上羽毛有花纹，白色的嘴，红色的脚，这种鸟叫"精卫"，它的叫声很像在呼唤自己的名字。这便是对于精卫鸟的描写与叙述，然而作者笔锋一转，写道：精卫鸟本是炎帝最小的女儿，名叫女娃。女娃有一次去东海游玩，溺水身亡，再也没有回来，之后化为精卫鸟。如果故事只写到这里，人们会感伤一个年轻生命的逝去，但故事却有着一个奇异的结局，女娃化身的精卫鸟经常叼着西山上的木石，来填埋东海。漳水从这里发源，向东注入海河。在故事中精卫似乎不填平这吞噬她性命的东海，就难消内心的怨恨，她衔木石填海的行为就不会停止。

二、精卫名字考

根据《山海经》记载，精卫原名女娃，后化身为鸟，"精卫"一词首见于此。在此之前，"精卫"并不是一个固定词语，也没有特殊词义，那么此鸟为何要称为"精卫"？

关于精卫名字的考证，学界研究甚少。陆思贤在《神话考古》一书中，从古人立杆测晷影的角度解释作为炎帝神话组成部分的精卫及其名称。"发鸠之山"即"西山"，寓意上午晷影在西，从西开始向东绕行；"有鸟焉"，形容在晷影圈上所插筹码的形状；"名曰精卫"，"精"用为"景""经"，指日景晷影之所经，"卫"用为"围""纬"，指晷影弧面围绕的纬度,今言"经纬";"故为精卫"者,强调夏至日的经线与纬线跨度最大;"名曰女娃",娃字从女从圭,指晷影圈上所插之"圭形"筹码,与上述鸟形筹相比,说明所插是有进位概念的数筹;"女娃游于东海",指晷影圈上最后一根筹插到遥远的东南方,这是晷影盘上一年中最末的一根筹,因名"炎帝之少女";"溺而不返",指一日内的筹码插完,不再回去,有去无回;"常衔西山之木石,以堙于东海",指年年岁岁,日日月月,如此插筹,从西山衔来木石,填于东海,这是"精卫填海"神话的出典。❶

通过将《山海经》中所记述的精卫故事与晷影测算相互比照对应,对于人们理解精卫作为炎帝子嗣的血缘关系非常重要,让人耳目一新。但关于"精卫"名称的探讨,亦可从字意及精卫故事所蕴含的精神层面出发,从而进一步思考。

"精气为物,游魂为变。是故知鬼神之情状。"(《周易·系辞上》)女娃溺于东海化身为鸟,"精灵""魂魄"二词最能符合"精卫"这一名称中"精"的本意。正如孔颖达注疏"阴阳精灵之气,氤氲积聚而为万物也"。这应该是世界各民族在蒙昧时期所共有的灵魂观念,而灵魂观念的核心便是灵魂脱离肉体后的独立存在。从精卫形象生成的过程来看,毋庸置疑,精卫是女娃的化身与灵魂转世,因此将"精"解释为"精灵""魂魄"应当无问题。更能体现精卫形象文化内涵的应该是她名字之中的"卫"字,"卫,护也"。正是"护卫、保护"的含义和"精灵""魂魄"的词义相结合,才使得"精卫"在千百年的流传歌颂中有了专属的意义——承担护

---

❶ 陆思贤.神话考古[M].北京:文物出版社,1995:214.

卫使命的精灵鸟。❶后人不但能够直接理解"精卫"这个名称的含义，而且更能由此体会精卫故事所蕴含的强大的振奋生命的活力。

第四节　精卫填海

一、精卫填海传说

上文对"精卫"名字的由来进行了初步探讨，民间对此有着不一样的解释。在长子，人们更多地将"精卫"解释为"精忠卫民"，这一理解与不断演变完善的精卫填海故事相关。精卫填海的传说主体源于《山海经》，但民间传说版本诸多，大体可分为三种。

传说一："成仙填海"说。赤松子是神农时期的雨师，能够入火自烧来求雨。炎帝的小女儿女娃一直追随赤松子左右，也能够利用自身祈雨、止雨，最后终有所得，化仙而去。在上古时期的炎黄战争中，共工属炎帝裔，颛顼属黄帝裔，二人素来不合，为争夺帝位发生战争。战争十分激烈，后来以共工的失败而告终，失败后的共工来到不周山，想要将不周山的峰顶撞下来。他愤怒地用头撞击不周山后，支撑着天的柱子被折断，栓系着大地的绳索也断了。因此天空向

---

❶ 宁稼雨.文学移位：精卫神话英雄主题的形成与消歇［J］.社会科学研究，2017（3）：161-174.

西北方向倾倒，日月星辰都向西北移动；大地向东南方向塌陷，江河积水都向东南流去。整个大地破裂，淫雨不断，水灾严重。为了拯救苍生，女娲炼五色石以补天，而已成仙人的女娃也化身为一只精卫鸟，日夜衔木石以填海。

传说二："打抱不平"说。炎帝的女儿女娃，聪明伶俐、活泼可爱，一日她见到有大孩子欺负小孩子，遂上前理论。孰料大孩子是龙王的儿子，见女娃生得单薄文弱，并未将她放在眼里。女娃见对方无礼，毫不示弱，将其打退回去。后来，女娃在海中游玩，龙王儿子见此立即搅动海水，掀起狂风恶浪，女娃来不及离开就被淹死了，死后化身为鸟，悲鸣之声好似"精卫"。化身为鸟的女娃，随炎帝狩猎，绕飞林中，炎帝举弓欲射，被旁人阻止，才知此鸟乃女儿所化。炎帝后将此鸟赐名"精卫"，并感叹："精卫鸣兮天地动容！山木翠兮人为鱼虫！娇女不能言兮吾至悲痛！海何以不平兮波涛汹涌！愿子孙后代兮勿入海中！愿吾民族兮永以大陆为荣！"精卫听到炎帝"海何以不平"的歌词，联想到自己被淹死的命运，为了不让大海再夺走别人的性命，便日复一日衔来树枝和石头，想要将大海填平。后来海燕被精卫的毅力与行为所感动，二者结成夫妻，它们的后代也如先辈们一样，日复一日、年复一年地衔木石去填东海。

传说三："精忠卫民"说。相传精卫鸟与布谷鸟是一对爱人，分别由炎帝女儿女娃及其恋人耕柱子所化。炎帝时期，冀州黑龙为患，黑龙兴风作浪经常引发上党地区的水患。炎帝的小女儿毛遂自荐，众人也一致推举，故而炎帝将平水大任交由女娃。炎帝虽不舍女娃"日日羊头山下过，终生不能再见我"，但只能细细嘱托，并将一条降龙宝缘交付给她。女娃行至鳌泉便见黑龙在此作乱，遂将降龙宝绦掷过去，黑龙不敌逃走。此后数年，漳河两岸五谷丰登、百姓安居乐业，人们感激女娃功高德厚，便称她"精卫"，意思为精忠卫民。后来的一天女娃在巡视河岸时见到了自己的恋人耕柱子，耕柱子负责教百姓播种收获，正当二人想要互诉衷肠之时，黑龙突然出现，女娃和耕柱子想要一起制服黑龙，却双双与黑龙同归于尽。第二年春，女娃化身为精卫鸟，她惭愧自己并未守好这一方百姓，依然每天巡视河堤，嘴里呼喊着"精卫、精卫，惭愧、惭愧"！耕柱子化身为布谷鸟，喊着"播麻布谷，播麻布谷"！

小学语文课本中的精卫填海形象（陈晋容 绘，天津人民美术出版社，2008）

二、西山与东海

《山海经》中描写精卫"常衔西山之木石,以堙于东海"。此处的西山与东海位于何处?

郭璞注释的《山海经》中提到,发鸠之山在上党长子县。袁珂《山海经校注》中称长子县今属山西;发鸠山亦名发苞山、鹿谷山、廉山,为太行山分支。❶那么,发鸠山是否就是《山海经》中所说的西山呢?目前的主流观点是西山即为发鸠山。据传宋徽宗年间,当地干旱,百姓求雨,精卫汇神泉水降雨,后在此地赐封灵湫庙,该庙宇虽然现在已残破,但据当地老人回忆,庙中曾有三座雕像,以纪念精卫。

发鸠山上的护林员和小弘(中)讲述"皇姑坟"(传说中的精卫墓)的传说
(长子县历史文化研究院 供图)

---

❶ 袁珂.山海经校注[M].上海:上海古籍出版社,1980:92.

在发鸠山西北处还有一座古坟,当地人称其为皇姑坟,传说为精卫之墓。

当然也有另一种说法。据考证,"西山"一词最早出现在《易经》之中,《周易·随》有:"上六:拘系之,乃从,维之,王用亨于西山。"又《周易·升》有:"六四:王用亨于岐山。"在《易经》中的"西山"与"岐山"同义互见,说明在早期的文学典籍之中,"西山"即指岐山。岐山是中华民族的发祥地之一,是炎帝生息、周室肇基之地,是周文化的发祥地,将"西山"理解为"岐山"也有助于人们从中国文化大背景的高度理解精卫故事的英雄价值。

同"西山"相比,"东海"的指代要更为复杂。其一,"东海"是指长子东边大面积的水域。[1] 根据对《山海经》内容的统计,有关"海"的地名共出现28次,其中东海5次,西海3次,北海2次,渤海2次,书中所出现的东海、西海、北海、渤海等地理位置是值得考证探究的。但我们知道,根据现在的中国版图与位置,只有东部与南部与海洋相邻,那么西海、北海位于何处?又因何得名?基于此种观点,是否可以认为在《山海经》中"海"的含义比现代汉语语义下的范围更广,其中既包含如今的海洋,可能也包含先民生存地附近的大川、大湖、大泽,"海"是一种对于有较大面积水源地的指称。

其二,"东海"大致涵盖今黄海和东海一带。先秦时期,东海一般泛指辽宁、山东、江苏、浙江的广大海域和临海空

---

[1] 林美茂.神话"精卫填海"之"女娲游于东海"文化原型考略[J].中国人民大学学报,2014(1):134-144.

间，北海也包含在内。《山海经》中的诸多描写均可看出，如："东海之内，北海之隅，有国名朝鲜。""泗水出鲁东北而南，……而东南注入东海，入淮阴北。""东海之外，大荒之中，有山名曰大言，日月所出。"从这些文字中，我们能够看出东海的地域面积和文化内涵之广泛。

其三，"东海"与古渤海有一定关联。《初学记·地中部·海二》中提到："东海之别有渤澥，故东海共称渤海，又通谓之沧海。"张岱在其所著百科书《夜航船》中也对精卫故事加以记述："炎帝女溺死渤澥海中，化为精卫鸟，日衔西山木石，以填渤澥，至死不倦。"由此我们可以推断，精卫填海中的东海为渤海。

其实，无论"西山"与"东海"到底所在何处，对于精卫来说，这都是广袤遥远的空间距离，即便不用浪漫的神话故事加以想象，我们也知其间相距数千公里。这个距离对于小小的精卫来说过于遥远，但也正是这样遥远的距离和看似不可能完成的工作，才使得精卫填海这永不放弃的行为让人感动，才更加凸显出精卫英雄精神的伟大。这也正是精卫文化千百年来流传至今却依然鲜活的生命力所在，是鼓舞后人追溯精卫文化、传承精卫文化的原因所在。

第一章 精卫文化的起源

精卫填海画像（长子县人民政府网站 供图）

第二章 精卫文化的传播

精卫的形象是中国早期神话中少数仅存于士大夫精英文学作品中的原始意象之一。精卫填海的故事为它的形象增添了不屈不挠的英雄气概，精卫以它渺小的努力与决绝的意志所带来的巨大反差，成为蕴含巨大精神力量的载体。其中既有鲜明的复仇决心，又传达出普济众生的悲悯情怀；既有不向命运低头的人格力量，又折射出为信念而牺牲的殉道者的悲壮色彩。因此，"精卫"成为改朝换代、时代巨变之际无数有志之士的心态象征，精卫所承载的多种精神内涵使其成为一个散发出耀眼光芒的神话原型，并隐现在后代文学之中。

第二章 精卫文化的传播

第一节 精卫形象的塑造与演变

一、道义、怨恨、决绝、顽强的化身

精卫故事诞生后，经过千百年的流传为人们所熟知，就现存文献来看，最早引用精卫故事的文学作品是阮籍的《清思赋》："女娲耀荣于东海之滨，而翩翩于西山之旁，林石之陨从，而瑶台不照其光。"在此赋中，阮籍仅是引用，并未抒发情感。随后郭璞作《山海经·南山经图赞》，有"精卫"条："炎帝之女，化为精卫。沉形东海，灵爽西迈。乃衔木石，以填攸害。"其中虽还没有真正意义上的咏叹，但末句"攸害"一词却满含作者的感情，表明精卫故事中包含的某种意义开始被激发和点燃，精卫开始成为道义的化身。

而在南朝江淹的《拟古诗·阮步兵咏怀》一诗之中，"精卫衔木石，谁能测幽微"两句，成为将精卫故事用作典故的第一例，作者借精卫比喻阮籍志向高洁却怀才不遇的内心世界。可以说，阮籍的精神中有着精卫式的孤高和绝望，后朝甚至有人将精卫视为阮籍的化身。

在我国古代文学作品中，精卫已超出原先的填海形象，被赋予了多种多样的情感色彩。精卫成为道义、怨恨、决绝、顽强、无奈的化身，完成了它作为蕴含无限精神内涵的文学原型的塑造。

二、回天乏力的悲壮

对于文学作品中的精卫形象来说，它最为动人闪耀的形象是被陶渊明所唤醒并塑造的。陶渊明在他《读山海经》组诗中的第十首描写了精卫：

精卫衔微木，将以填沧海。刑天舞干戚，猛志固常在。同物既无虑，化去不复悔。徒设在昔心，良辰讵可待！

这是一首被大家所熟知的作品，陶渊明一生热爱自由，具有反抗精神，他赞叹精卫与刑天正是此种精神的体现。精卫不过一小鸟，它口中所衔的微小之木石，与沧海的浩浩汤汤形成强烈的对照，如此描写不仅凸显精卫复仇之不易与困难，也凸显出精卫复仇的决心之大。从陶渊明所用之词的考究，更能感受诗人被精卫的精神与行为感动。对于刑天的叙述亦是如此，只要志向尚存，便决不放弃。精卫与刑天更是陶渊明此时心境的化身，自道晚年的胸怀抱负，无论生死，都无惧无悔。最终诗人叹惋精卫与刑天虽存昔日志向，却终未等到复仇雪恨之时。诗中将这种反抗精神悲剧化，诗情由开始的豪情万丈转为最后的悲壮，陶渊明吐露了难以抑制的理想幻灭和时不我待的绝望。

宋代王应麟对这种感情体会颇深，他在所作《困学纪闻》中感叹："陶靖节之读《山海经》，犹屈子之赋《远游》也。'精卫衔微木，将以填沧海。刑天舞干戚，猛志固常在。'悲痛之深，可为流涕！"元代同恕也评价陶渊明："精卫虚劳塞海平，人间何事更关情。东篱不着黄花友，浊酒逢

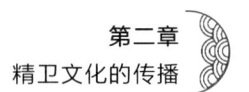

谁可一倾？"说出了陶渊明超越绝望后恬淡自适的襟怀。❶

无论如何，陶渊明这首《读山海经·其十》流传历朝历代，脍炙人口，无形之中逐渐改变了人们对精卫的固有印象，让精卫填海的故事在原先的凄婉中开始以回天乏力的悲壮色彩呈现在人们的接受视野之中。

三、悲愤和自伤之情的寄托

到了唐代，精卫开始频繁地出现在文学作品中，甚至在一些作品中或充当着重要的角色，或被广泛地当作典故使用。如《全唐诗》中所收录的《龙宫操》："龙宫月明光参差，精卫衔石东飞时，鲛人织绡采藕丝。翻江倒海倾吴蜀，汉女江妃杳相续，龙王宫中水不足。"真正以精卫为主题的诗歌为数不多，岑参的《精卫》是其中非常经典的一篇：

负剑出北门，乘桴适东溟。一鸟海上飞，云是帝女灵。玉颜溺水死，精卫空为名。怨积徒有志，力微竟不成。西山木石尽，巨壑何时平。

作者从构建虚拟的自我形象写起，再写精卫的历史传说，最后展现出无奈之情，但这种无奈并不是对于精卫的主观能力，而在于西山木石的客观限制。这里强调并肯定了精卫的力量，只是这种力量和大海相比太过渺小。作为唐代最伟大的边塞诗人之一，岑参两度出塞，但仕途却屡遭反复，最终客死他乡。因此岑参的诗歌极富浪漫主义精神，想象丰

---

❶ 蒋寅.作为文学原型的精卫神话［J］.北京师范大学学报（社会科学版），2010（1）：80.

富，立意新颖，勇于进取，爱国主义思想贯穿其中。在如此大起大落的遭际之中，使得岑参不得不开始向现实低头，这也为精卫故事填充了现实的内涵。

精卫作为指代自我的意象被寄托了强烈的悲伤和自伤之情，当这种悲愤之情到达顶点之时，精卫作为信念的化身就成为了文人自嘲的对象。如李白曾感叹："报国有壮心，龙颜不回眷。西飞精卫鸟，东海何由填。"又如元稹云："精卫衔芦塞海溢，枯鱼喷沫救池燔。"再如刘基云："精卫衔石空有心，口角流血天不知。"在文人心中，当他们彻底明白抱负的虚幻和个人能力的微不足道之后，依然执着于信念就会成为他人嘲笑的对象，在他们看来，当一身抱负彻底破灭后，精卫身上便有了自己的影子，他们对于精卫的哂笑其实都是无奈的自嘲。

四、冤禽与复仇者

在文人心中，精卫有志向却无法实现，长期行动却未达目标，让人们在钦佩感慨之余又增添了些许怜悯。因此，精卫在唐代文学之中，也会以"冤禽"的形象出现。唐代王建的《精卫词》是现存的第一首完整的将精卫塑造为冤禽的作品。

精卫谁教尔填海，海边石子青磊磊。但得海水作枯池，海中鱼龙何所为？口穿岂为空衔石，山中草木无全枝。朝在树头暮海里，飞多羽折时堕水。高山未尽海未平，愿我身死子还生。

相较其他诗作，本诗的视角更为独特，不是对精卫本身进行分析，而是对填海这一行为加以理性客观的思考。诗中既有对精卫因为填海而奔波劳累、伤痕累累的同情，又有对精卫填海这一伤及无辜、毁坏草木的行为提出的质疑，同时流露出作者无限悲悯的博大情怀。诗歌最后直抒胸臆，"高山未尽海未平"是对前文的总结，"愿我身死子还生"是作者所提出的最佳解决方案。一切问题皆由溺亡而生，若"我"被淹死则鱼龙草木不会复仇，精卫也不会因填海而受伤。诗作突出了作者无尽的悲悯和不忍，因超越了恩仇生死而闪耀着人性真善美的光辉，是从小我到大我的跨越。

类似的作品还有韩愈的《学诸进士作精卫衔石填海》：

鸟有偿冤者，终年抱寸诚。口衔山石细，心望海波平。渺渺功难见，区区命已轻。人皆讥造次，我独赏专精。岂计休无日，惟应尽此生。何惭刺客传，不著报仇名。

面对世人的讥讽，韩愈在诗中旗帜鲜明地表达了对精卫的赞赏与钦佩，直言它是未入《刺客列传》的复仇者。

宋人笔下的精卫虽也"衔冤"，但较前人更多了几分积极与乐观。如王安石《精卫》："帝子衔冤久未平，区区微意欲何成？情知木石无云补，待见桑田几变更。"虽然作者也认为精卫填海于事无补，但末句坚持等待桑田变化的行为和心态，流露出作者不屈的信念与斗志。

自此之后，出现了更多单纯悲精卫之志的作品。如元代的杨维桢："水在海，石在山，海水不缩石不刊。衔石向海女，口血离离海同干。"又如明代的卢昭："石可竭，海可满，精卫之恨何时断。"这类作品大都出现在改朝换代之际，诗作中的精卫形象决绝惨烈而又悲怆，所寄托的是作者孤怀与凄怆之感。

长子县精卫雕塑（长子县历史文化研究院　供图）

五、志鸟与誓鸟

在唐代《霅溪夜宴诗（诸神命丽玉唱公无渡河歌）》一诗中："浊波扬扬兮凝晓雾，公无渡河兮公竟渡。风号水激兮呼不闻，提衣看入兮中流去。浪排衣兮随步没，沈尸深入兮蛟螭窟。蛟螭尽醉兮君血干，推出黄沙兮泛君骨。当时君死兮妾何适，遂就波澜兮合魂魄，愿持精卫衔石心，穷断河源塞泉脉。"作者用"精卫填海"的精神表达了对爱情至死不渝的坚贞。

晚唐时期，王睿《公无渡河》结尾两句写："愿持精卫衔石心，穷取河源塞泉脉。"整首诗并非吟咏精卫，却在诗歌结尾用精卫作比，在表明复仇之志的同时，也表达了文中女子誓死从夫的决心，这便预示着精卫的形象逐渐发展演变为"志鸟"与"誓鸟"。

在宋朝程朱理学的影响下，后代出现了大量歌颂节妇的诗，如明代高启所作《温陵节妇行》："十载空闺守寸心，沧溟水浅恨情深。愿身不化山头石，化作孤飞精卫禽。"又如陆深《节妇歌》："东海深深精卫苦，九疑泪尽山成围。"再如清代胡天游《烈女李三行》："大海何漫漫，千年不能移。太山自言高，精卫衔石飞。朝见精卫飞，暮见精卫飞。吐血填作坯，一旦成路蹊。岂唯成路蹊，崔嵬复崔嵬。"

在这些诗歌之中，作者都刻画了独守深闺的节妇形象，她们当中有的是贫病相守，有的是夫死而守或夫离而守，但无论原因如何，我们都能从中看到中国古代妇女决绝的意志，以及对自己誓言的至死不渝。当精卫形象与中国古代妇女形象相融合，成为志鸟与誓鸟的代表时，贤明、勤劳、仁智、贞顺、节义的古代妇女形象跃然纸上，栩栩如生。

精卫填海的持之以恒，在中国古代神话传说中只有愚公移山的故事可以与之相比，因而精卫经常被作为志鸟的形象与愚公对举。如明代刘基的《杂诗（三十三首）》："愚公志移山，精卫思填海。山高海茫茫，心事金石在。"又如明代周应辰的《矫志诗（其三）》："精卫填海水，世人笑其痴。十载变桑田，成功良在斯。愚公欲移山，意气亦如之。"此类对举在历代诗文中不胜枚举。

六、遗民心态的象征

南宋时期，皇室偏安一隅的局面不断激励着士大夫图谋恢复的志气，在此种特定历史节点和世人心境下的精卫故事，也不断增加其特定的内涵。刘克庄在《精卫衔石填海》中写道：

精卫衔冤切，轻生志可怜。只愁石易尽，不道海难填。幻化存遗魄，飞鸣累一拳。终朝被芥子，何日变桑田。鹃怨啼成血，鸥沉怒拍天。君看尝胆者，终有沼吴年。

这首诗歌虽表达了作者相信终能取得胜利，但不可否认，精卫填海故事本身的悲剧性使得末句的决心显得底气不足。这也预示着在随后的文学作品中，精卫逐渐成为亡国遗民精神的象征。如诗句"欲填东海深，能使西山倾。山倾海仍深，日夜空悲鸣。情知力不任，誓将毕此生"可谓将作者力微意坚的复兴之志刻画得淋漓尽致，读来笔笔可哀。

文天祥同样以精卫自比，来表现自己精忠报国、宁死不屈的民族气节，他在《自述》中写道：

赤乌登黄道，朱旗上紫垣。有心扶日月，无力报乾坤。往事飞鸿渺，新愁落照昏。千年沧海上，精卫是吾魂。

面对无可挽回的局势，文天祥以身殉志，成为中华民族精神与人格的代表，这与精卫填海的英雄形象格外吻合。从此精卫就与亡国遗民的哀歌联系在一起，蕴含着遗民心态的特殊寓意。

俞德邻在宋亡之时作诗："杞国天将压，苍梧云正愁。龙胡垂可挽，鱼腹葬何忧。万死丹心在，千龄王气收。悬知精卫忿，今古不能休。"此后，无数士大夫在亡国之时，都会借精卫来表达国变之际回天乏力的悲哀。更有诗人，将精卫与杜鹃两个意象相对举，来表达亡国之际孤臣遗民的绝望和悲怆。由此推而广之，凡与社会变革国家危难相关的英雄人物，便自然地与精卫的形象相联系。如后人咏怀一生怀才不遇的辛弃疾："风云有恨古人老，天地无情流水东。精卫飞沉沧海上，鹧鸪啼断晚山中。"又如怀念民族英雄岳飞："东海未填精卫死，南风不竞杜鹃知。由来和议非长策，千古英雄恨莫追！"感叹至死不屈的文天祥："杜鹃血染王孙草，精卫冤含帝子花。"

在这些诗文中，精卫都以它历代所被赋予的多重形象而强化了诗歌的悲壮色彩，寄托了作者的无限遗憾和愤恨。这种情感与表达在明清之际更为突出。当明朝遗民发现光复无望之时，他们诗中的精卫形象便得到更为完美的塑造。夏完淳在诗作《精卫》中写道：

北风荡天地，有鸟鸣空林。志长羽翼短，衔石随浮沉。崇山日以高，沧海日以深。愧非补天匹，延颈振哀音。辛苦徒自力，慷慨谁为心？滔滔东逝波，劳劳成古今。

作者通篇以精卫自比，虽有远大志向却力量微浅，纵使有能力在当时的社会条件下也难以发挥，作者空有补天之心，却时运不济，徒留哀音。

第二节　精卫所蕴含的民族精神

一、不畏强权，敢于抗争

斯马特曾说："如果苦难落在一个生性懦弱的人的头上，他逆来顺受地接受了苦难，那就不是真正的悲剧。只有当他表现出坚毅和斗争的时候，才有真正的悲剧。……悲剧全在于对灾难的反抗，……即使他的努力不能成功，但在心中却总有一种反抗。"❶ 精卫的悲剧精神正是在这种虽死犹斗的反抗中突显出来的。整体而言，精卫填海的神话是我国神话故事中的一个另类典型，中国人往往喜爱"大团圆结局"，而精卫的结局是对这种喜爱与习惯的一种颠覆，其中展现出的是悲剧式的震撼和一种无法释然的悲怆，哪怕后人在"精卫填海"故事的基础上将精卫与海燕做配，也不过是期望得到光明的暗示。但正是故事本身这种从头到尾的悲剧性，才成就了"精卫填海"的可贵之处。

在中国，产生悲剧意识与消解悲剧意识始终针锋相对，精卫是中国儒家文化悲剧意识的象征，这种悲剧精神所带来的是不畏强权、敢于抗争的力量，是进取精神与抗争精神的催生剂，这也是在恶劣自然条件下依然保持生命韧性的动力。而在古希腊的悲剧中，人的对立面往往是命运或超自然力，人的悲剧归结为命运的威力和神的旨意，当悲剧降临时，他们往往求助于神灵的帮助。中西方的悲剧精神迥然而异。表面上看，精卫在面对灾难时以自身毁灭而告终，变形之后，又开始无休止的抗争，但其不畏强权、勇于抗争的精神直至今天还为人们所称颂。这也是人们将精卫赋予志鸟与誓鸟形象的原因所在。

二、百折不挠，矢志不渝

茅盾先生说："精卫与刑天是属于同型的神话，都是描

---

❶ 转引自：朱光潜.悲剧心理学［M］//朱光潜全集（第2卷）.合肥：安徽教育出版社，1987：415-416.

写象征百折不回的毅力和意志的,这是属于道德意识的鸟兽神话。"❶在这里,茅盾将精卫填海认定为道德意识的鸟兽神话,显现出中华民族百折不挠的毅力与意志。有人说,精卫的行为是徒劳的,但正是精卫这种明知徒劳仍要抗争的精神,支持着人类初民走过险恶而艰难的时代,也支撑着后世人们用自己顽强的生命力百折不挠地生存、斗争。

中国古代神话中体现了人民深重的忧患意识,在以黄河流域为中心的广阔地域,除了洪水与旱灾,还有着诸多危险,从《山海经》中的记载便可窥得一二。为了顺利地生存与发展,原始先民始终对环境存有警惕之心,在满怀希望中切实体验现实的艰难,并为之作出不懈努力。"精卫"在中国古代神话中的一种原型是"集体无意识",它存在于知晓该神话的每个人心中,却又不被人的意识所察觉,但这种潜在的意识,不断影响着民族的生存方式和社会发展。纵观中国历史,"持久战"出现在每个社会时期,直至今天,中国人"齐心协力"办大事的做法,也与精卫填海的行为存在深层文化心理相通。日本古代的神话故事与民间故事中不乏有自中国传出或受中国影响的,但却很难在其中找到"精卫填海"式的故事。日本人不接受精卫是从理智出发,中国人推崇精卫是从感情出发。因而,中国传统文化的精神有时是超越理性的,甚至是反理性的。精卫所代表的,正是这样一种反理性的文化。

---

❶ 玄珠.中国神话研究ABC(下)[M].上海:上海书店出版社,1928:57.

长子县精卫雕塑（长子县人民政府网站　供图）

三、嫉恶如仇，英雄气概

洪水神话是中国古代神话中不可或缺的一部分，无论是精卫填海，还是大禹治水、女娲补天等，神话的主题都在致力于解决这个人类所面临的共同难题。相比之下，精卫填海凸显的是悲剧性的英雄气概，这种英雄精神时至今日依然具有极强的感召力和震撼力。

关于"精卫填海"的传说演变上文已有详细叙述，从中我们便可看出无论精卫是因看见黑龙所化的孩子在欺负他人，而与之打斗；抑或是因黑龙屡次作乱，百姓深受水灾之苦，都能深刻反映精卫嫉恶如仇的心理，作为炎帝的女儿，在部族与洪水对抗中成为自我牺牲的英雄。同时精卫又与其他治水的英雄有所不同，她没有像女娲补天那样取得成功，而是以鸟的身份继续她治水的工作与未完成的事业。这种灵魂不灭、死后化形更表现了精卫的责任感和英雄气概，这也是我们华夏民族人格精神的重要内涵之一。同时，精卫小小的身躯与其奋勇抗争的大海相比，可谓天壤之别。在这种极大的反差中，精卫敢于以小碰大的英雄气概与其不屈的性格和抗争的精神被不断放大与加强，这也是华夏民族英雄气概的升华与延续。

四、人定胜天，不畏艰难

范文澜在《中国通史》中写道："许多古老民族都说远

古曾有一次洪水，是不可抵御的大天灾。"❶ "精卫填海"这则神话传说的出现极有可能与古时人们所面临的洪水和大海的威胁有着一定的关系。炎帝尝百草、辨五谷、教民耕作，使得中原地区的人们开始向农耕文明迈进，如此，我们是否可以推测，女娃作为炎帝的女儿，当她看见生活在这片土地的人们饱受水灾折磨而无家可归，甚至丢失性命时，她一定满含填海治水的决心与雄心，她希望通过自己的努力，让人们免受水患，获得更多可以耕种的良田。

对待天命究竟是等待接受还是争取改变，不同情况下会有不同的选择，但是"精卫填海"神话传说背后，是古代人民为了生存与发展不断与自然进行斗争的行为在文学作品中的一种投射。放弃自己的努力，等待上天的恩赐，是不符合事物发展的实际情况的，也必将在实践中失败。刘禹锡曾论："义制强讦，礼分长幼，右贤尚功，建极闲邪：人之能也。""精卫填海"的神话表现了中国古代人民要制服那些暂时还无法制服的自然现象的强烈愿望与决心，这种人定胜天、不畏艰难的斗争精神，让我们肃然起敬。同时这种精神也上升到民族利益的高度，精卫填海为公不为私，展现了牺牲小我、成全大我的无私精神。

"精卫"的故事之所以在中国大地能历经百世流传而不衰，这与其中所蕴含的深厚的文化内涵紧密相关，同时也与其能够表达民间社会百姓的情感诉求有着重要关系。精卫填海所蕴含的不畏强权、矢志不渝、百折不挠、嫉恶如仇、人定胜天的诸多精神，正是我们中华民族在长期的生存与进步

---

❶ 范文澜．中国通史简编［M］．北京：人民出版社，1978：96．

中逐步形成并发展的。精卫填海的精神，从古至今一直鼓励着长子人奋发图强、励精图治。如今，这种精神不仅激励了长子人开创新时代新篇章，也成为民族精神的重要代表，鼓舞着整个中华民族，甚至传播于海外。

第三节　精卫文化的流传

一、鸟图腾崇拜与太阳崇拜

图腾，意为记载神的灵魂的载体，是古代原始部落信仰某种自然或有血缘关系的亲属、祖先、保护神等，是氏族、部落或个人的标志和象征，原始部落对大自然的崇拜是图腾产生的基础。鸟图腾是东夷族的主要图腾形式，从辽东半岛到南海地区，并且从沿海地区不断向内陆延伸。据学者考证，炎帝部落生活在仰韶文化中后期时代，从目前出土的文物来看，炎帝部落初期以"鱼"作为自己部族的图腾崇拜，"人面鱼纹"图是其氏族标志。在后续的发展中，鸟类纹饰开始出现在部族的器物与装饰上，在陶器上增加了泥塑鸟头装饰，彩绘纹饰中鱼纹消失、鸟纹增多，鸟图腾崇拜取代了鱼图腾崇拜。

"精卫"作为炎帝女儿死后的化身，灵魂不灭，日复一日进行着填海工作，这便是古代先民一种典型的精灵崇拜。"精卫填海"是中国神话中最为有名的变形神话，作为女娃的灵魂象征，精卫衔微木以填沧海，显示了当时人们的鸟图腾信仰，原始氏族人类心理上对鸟的信仰与崇拜不可替代，以致人们相信鸟的力量可以将沧海填满。"精卫"是原始社会人类鸟崇拜的集中体现，是原始社会氏族鸟图腾的符号象征。

仰韶文化中的鱼纹彩陶盆（微博博主：@bwin2014　摄）

马家窑文化中的对鸟纹彩陶壶（清子　摄）

在农牧业形成之后，由于各种自然现象对农耕与畜牧的影响较大，自然崇拜随之产生。在部族鸟图腾崇拜的基础上，形成了一种兼有新旧两种文化元素的复合文化形式。在氏族部落由鸟图腾崇拜向太阳崇拜转变的时期内，原来的鸟图腾崇拜还尚未退出历史舞台，而太阳崇拜的出现又势不可当，新旧两种文化的交融形成了"精卫填海"的神话故事与神话形象。据《白虎通》记载："其炎帝者，太阳也。"这则记载指出，炎帝为太阳神，那么我们也可以认为精卫是太阳神的女儿。在有着太阳崇拜的众多部族中，东夷族设计出了太阳神鸟的形象，大量考古资料也证实了中华民族有将太阳视为鸟的历史，自古以来的"日中有三足乌"的说法也同样归根于太阳崇拜的氏族部落鸟图腾信仰。也有学者以为"金乌"与"精卫"同音异注，由此认为精卫即太阳鸟。❶"精卫填海"中所蕴含的不仅仅是鸟图腾的思想，其中还渗透着太阳崇拜的思想，凸显出自然对农牧业生产的影响。

二、女性崇拜与生殖崇拜

"氏族就是一个共同祖先传下来的血亲所组成的团体。这个团体有氏族的专名以资区别。它是按血缘关系结合起来的。"❷人类氏族制度是由母系氏族向父系氏族过渡的，通过"精卫填海"，我们能够发现当时的社会面貌。"精卫"生前为炎帝之女，死后化为精卫，此为雌鸟。虽然仰韶文化已开

---

❶ 段玉明.亡国之痛的记忆——"精卫填海"神话母题探析［J］.中华文化论坛，2005（1）：23-30.

❷ ［美］摩尔根.古代社会［M］.杨东莼，等译.北京：商务印书馆，1995：62。

始逐渐进入父系社会，处于父系社会初期，但我们依然能从中发现，其中有着浓厚的母系氏族文化影响，即对万物之母的女神的崇拜，女神是自然本身与大地本身，春去冬来、四时流转都与其休戚相关，同时亦作为一位永恒的再生者、保护者和养育者而体现了生命的生生不息、绵延不绝。女娃生于炎帝之家，亦可将其看作保护和养育黎民百姓的女神；溺于东海、化而为鸟展示了其灵魂不灭，永恒的再生能力。

"女娲补天"与"精卫填海"二者在一定程度上有着极大的相似性，都以女性作为故事的主角，都有着挑战自然的斗志。精卫出现于桑柘木之上，柘木是氏族图腾的圣地。精卫的形象虽没有女娲一般在故事中强调母系氏族，但正如上文所述："氏族图腾崇拜是图腾崇拜的原初形式，在这种形式下，图腾按母系传承。"❶ 母系氏族的单系血缘制度的存在导致女性的主宰地位代代相传，精卫填海故事中不管是生前的女娃，还是死后的精卫，都是母系氏族社会大背景的证明。当然，随着农牧业的发展，男性的生理优势日趋突出，地位也随之上升，故而也有人将精卫解读为女性，将大海解读为男性，这种神话中的对立与碰撞也是社会现实的缩影。

三、海外故事流传

2013年，习近平总书记在访问中亚和东南亚国家期间，

---

❶ [苏]海通.图腾崇拜[M].何星亮,译.上海：上海文艺出版社，1993：128.

提出了共建"丝绸之路经济带"和"21世纪海上丝绸之路"的倡议，在"一带一路"倡议的指导下，各国文化交流互动建设也有着令人欣喜的成就。中华文化博大精深源远流长，在历史的长河中始终有着耀眼的光芒，不可否认，从古至今，周边国家都或多或少受到了中国文化的影响，这种影响可能是至圣先师的思想，也可能是神话传说的流传，又可能是诗文策论，抑或是非遗传承。"精卫填海"的故事正是在这样的文化背景下，历经世事变迁不断向外发展传播。

在海外，"精卫填海"同"女娲补天""愚公移山"等故事的流传大致相同。在泰国、越南、马来西亚等国，女娃与女娲同音，人们往往赋予她们相同的文化内涵，即上文所述的女性崇拜与生殖崇拜。而对于中华民族认为"精卫填海"中所蕴含的百折不挠、人定胜天等精神内涵，在海外也有着一定的认识与见解。

"精卫填海"与"愚公移山"在现代汉语中的认识与运用自不必说，而对于广大的汉语学习者来说，"精卫填海"的流传度与接受度显然相对更高，海外人民通常会以"努力""勇敢""坚定""自信""有目标"等词语来评价精卫填海的行为，认为填海体现了精卫面对梦想和目标绝不放弃的意志品质，精卫有着勇敢努力的精神品质和坚定理想信念、积极自信的性格特征。

第三章 精卫文化的艺术表现

精卫文化绵延不绝，在历史发展的长河中，它逐渐从特定的集体与意识经验中脱离出来，成为一种普遍的文化和精神资源，一代又一代的中国人从中获取精神力量。精卫填海的壮举在各类文学体裁作品中得到了充分的表达，成为文学家驰骋文采的广阔天地。同时，长子县作为精卫文化的起源地，在这里精卫文化和民间习俗与地方特色深度融合，产生了丰富多彩的精卫文化活动印记。精卫文化与时代同频共振，直至今日依然在广袤的中原大地这片肥沃的土壤中获得新生，绽放出令人欣喜的花朵。

第三章 精卫文化的艺术表现

第一节 文学作品

一、诗词歌赋

精卫文化被深深镌刻于士大夫文学作品之中,精卫所承载的多种精神内涵使其成为一个散发出耀眼光芒的神话原型,并隐现在后代文学之中。上文所述关于精卫形象历经千年不断在文人笔下被塑造并包含多种思想情感,如作为道义怨恨的化身、冤禽与复仇者、志鸟与誓鸟等,在本章节不再重复叙述,只对其他较有新意的刻画或展演方式加以介绍。

在儿童启蒙读物《三字经》和《幼学琼林》中,都对精卫填海的故事加以记录,不同的是二者却向读者传达了两种完全相反的声音。《三字经》中说:"愚公志,精卫情。锲不舍,持以恒。"告诉人们要学习精卫锲而不舍、持之以恒的精神,而《幼学琼林》则说:"以蠡测海,喻人之见小;精卫衔石,比人之徒劳。"却告诉人们不要学习精卫做这种徒劳无功、不自量力的事情。为何会形成如此巨大的反差,其实不同的评价与当时的社会环境息息相关,这也是一个非常值得探讨的问题。❶

南朝齐梁诗人范云在《望织女》一诗中,将精卫故事融入织女传说之中。"盈盈一水边,夜夜空自怜。不辞精卫苦,

---

❶ 宁稼雨.诸神的复活:中国神话的文学移位[M].北京:中华书局,2020.

河流未可填。寸情百重结，一心万处悬。愿作双青鸟，共舒明镜前。"在这里精卫填海未能成功，而未能填平的河流则成为牛郎织女隔岸相望的重要障碍。作者虽写牛郎织女，却并未用大家耳熟能详的"鹊桥"传说，而转用"精卫填海"的神话，寸心之中，郁结着千丝万缕的情思，令人忐忑不安、心烦意乱，也更能表现出诗中男女对爱情的苦苦追求和至死靡它的坚贞。

南朝陈文学家张正见在其《石赋》中铺张排比，洋洋洒洒赞美奇石的风采形状，将精卫神话与天孙典故并列，以渲染突出奇石的悠久历史和重要资历。"……奄蔼披衣，氤氲翠微。精卫取而填海，天孙用以支机。随西王而不落，傍东武而俱飞。"

初唐四杰之一的杨炯在其代表作《浑天赋》中也借由精卫抒情，作者在赋中辨析当时广为流传的三大天文学说，即宣夜说、盖天说、浑天说，但深层含义却是抒发自己壮志难酬之情。精卫的故事恰是杨炯抒情的有效文学意象。"女何冤兮化精卫？帝何耻兮为杜鹃？争疆理者有零陵之石，闻弦歌者有盖山之泉。若怪神之不语，夫何述于此篇？"虽然《浑天赋》通篇多为科学论证天文现象和学说，但其中融入了作者对人生际遇的感慨，而精卫恰好起到重要的点睛作用。此种作品在唐代颇多，这里不再一一叙述。

时至宋代，越来越多的人将精卫形象作为自己坚强信念和嫉恶如仇的政治态度的代表。如北宋宣和年间被贬谪的邓肃就写下："填海我如精卫，当车人笑螳螂。六合群黎有补，一身万段何妨。"又如刘过在《呈陈总领五首·其四》中写道："商蚷驰河河可凭，精卫填海海可平。物情大忌不量力，立志亦复加专精。"在理学背景下的宋人眼里，精卫"立志专精"的文学印象和符号愈加明显。

另外值得一提的便是南宋末年有名的女诗人韩希孟，她因不愿降元而跳水自杀，后来人们在她的裙带中发现了一首绝命诗，诗意格外悲壮，最后六句为："借此清江水，葬我全首领。皇天如有知，定作血面请。愿魂化精卫，填海使成岭。"自此，韩希孟与精卫一起成为后代文学作品书写的对象。如元代彭罙作《韩节妇》盛赞韩希孟："恨不生为男，横戈赴三军。栖栖临绝音，耿耿昭人文。练裳纵横四百字，上陈祖宗创业有至道，下斥奸邪误国偷生存。吾辞既毕分已尽，精卫何苦犹衔冤。想当捐佩入不测，幽光上浮白日驭。阴魄下塞珠宫门，湘灵鼓瑟宓妃泣，冯夷长啸群龙翻。"元代杨维桢也借由精卫的形象记录与韩希孟经历相同的岳飞之女："岳家父，国之城。秦家奴，城之倾。皇天不灵，杀我父与兄。嗟我银瓶，为我父缇萦。生不赎父死，不如无生。千尺水，一尺瓶，瓶中之水精卫鸣。"精卫的形象鼓舞着一代又一代人，在诗词歌赋中得到了广泛的接受与书写。

二、小说戏剧

秦汉六朝时期，精卫通常出现在志怪小说中，如西晋《博物志》中写道："君山，洞庭之山是也。帝之二女居之，曰湘夫人。帝女遣精卫至王母，取西山之玉印，印东海北山。"在这里，作者将精卫填海和湘夫人的神话传说合二为一，创造了一个新的神话故事，而精卫在此也仅是保留了姓名形象，并将去西山衔木石的情节改为去西山向王母借玉印。

随着通俗文学在唐宋时期的逐步形成，精卫形象逐渐出现在通俗小说、戏剧等市民文学艺术样式中，并在之后历代的文学作品中出现让人耳目一新的世俗化表现。如明代传奇剧本《青衫记》将精卫形象从庙堂引至市井，又如清代小说《镜花缘》中对精卫形象进行了一次彻底的颠覆和创新。

在《镜花缘》中有这样的两个片段：

唐敖正在眺望，只觉从空落一小石块，把头打了一下，不由吃惊道："此石从何而来？"林之洋道："妹夫，你看那边一群黑鸟，都在山坡啄取石块。刚才落石打你的，就是这鸟。"唐敖进前细看，只见其形似鸦，身黑如墨，嘴白如玉，两只红足，头上斑斑点点，有许多花文，都在那里啄石，来往飞腾。林之洋道："九公可知这鸟搬取石块，有甚用处？"多九公道："昔炎帝有个少女，偶游东海，落水而死，其魂不散，变为此鸟。因怀生前落水之恨，每日衔石吐入海中，意欲把海填平，以消此恨。哪知此鸟年深日久，竟有匹偶，日渐滋生，如今竟成一类了。"唐敖听了，不觉叹息不止。

话说唐敖闻多九公之言，不觉叹道："小弟向来以为衔石填海，失之过痴，必是后人附会。今日目睹，才知当日妄议，可谓'少所见多所怪'了。据小弟看来：此鸟秉性虽痴，但如此难为之事，并不畏难，其志可嘉。每见世人明明放着易为之事，他却畏难偷安，一味蹉跎；及至老大，一无所能，追悔莫及。如果都像精卫这样立志，何患无成！请问九公，小弟闻得此鸟生在发鸠山，为何此处也有呢？"多九公笑道："此鸟虽有衔石填海之异，无非是个禽鸟。近海之地，何处不可生，何必定在发鸠一山？"况老夫只闻鹡鸰不

第三章 精卫文化的艺术表现

逾济，至精卫不逾发鸠，这却未曾听过。❶

精卫是唐敖和多九公的对话中所出现的一个情节要素，我们可以清晰地看到前人对于精卫填海故事的流传，同时通过对话，生动展现了人们对于精卫填海意义所在的正反两种态度倾向。

在李汝珍将精卫嵌入小说创作后，清代邹弢更是在所作小说《海上尘天影》中将精卫形象贯穿始终。故事以女娲补天为前调，构建了"补天"与"填海"两项仙界任务。"岂知情天已补，恨海难填……填地无功，群神又纷纷上策，说旷日持久，宜另选贤员，或可奏绩，遂惊动了精卫真仙。这位真仙就是杜兰香座下的一只仙鹤，因杜兰香骑了到西天，见母佛准提菩萨，爱其驯良，遂题曰'精卫'。"然而精卫却不知，此地是因为天帝以地陷处洗浴空间宽大而不想填塞，于是在此处填海百年如一日。"鹤仙看了一回，见极东又高山一座，知是缥缈山麓，乱石极多，大小不一。或如同命杯，或如长生果，或玲珑如同心蒂，或圆转如称意珠。遂想道：'若这些山石运入海中，或能填塞。'于是鼓舞精力，动起工来。不知过了几百年，这缺陷依然如故。可怜一只灵鹤，道行未深，怎禁得起如此辛勤！不多几时，消瘦得毛羽离褷，竟似一只枯鹤了。"杜兰香作为上界万花总主因不忍精卫如此辛苦，私情助精卫填海。"灵妃叹道：'……汝来意吾已尽知，但缺陷亦关定数。今鉴汝志可嘉，姑借汝意珠一颗，度恨金针一支，可先将海岸、海中裂缝补好，然后系线抛珠入海，自有功效。'说着，便给了他一玉匣说：'宝物均

---

❶ 李汝珍.镜花缘［M］.张友鹤，校注.北京：人民文学出版社，1955.

在里面，还有一纸神书，照此行事，便能成功。功成后速来归位去罢！'……鹤仙得了宝物，心中狂喜，径到恨海来，照行此事。"而天帝得知后将杜兰香、精卫和二十六位花神贬谪凡间，精卫因愧于连累杜兰香"大抱不安。誓愿先去降生，虽颠沛流离，将妃主保护，一任妃主役作犬马，以报殊恩。"❶将精卫填海的故事置于全书情节结构的整体构思之中，从而引出《海上尘天影》的正文故事。

在《海上尘天影》中，精卫始终是以一个独立的小说形象出现，它坚持不懈、怀有感恩之心、充满英雄精神，是精卫形象在古代叙事文学体裁中最为成功和完美的例证。

三、现代作品

精卫填海的精神与精卫本身所蕴含的意蕴时至今日依然鼓舞着人们，人们习惯于在现代的文学作品中歌颂它、赞美它、学习它。

关于精卫的现代作品，人们更喜欢对精卫填海这一故事加以延展或歌颂，如申修福、杨天福所作《精卫鸟之歌》其三：

万里海天起悲声，声声呼唤女娃名。女娃应声飞上天，精灵化为七彩虹。彩虹变作精卫鸟，白嘴红脚花羽翎。

精卫展翅跃海空，深仇大恨埋心中。昔日宏愿被海吞，今日誓把海波平！不填海难泻满腹怨，不填海天下难安宁！

精卫飞回发鸠山，壮志诉给山林听。树枝感动纷纷落，

---

❶ 邹弢.海上尘天影[M].哈尔滨：黑龙江美术出版社，2014：1-6.

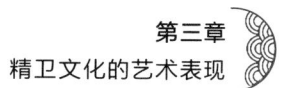

跟着精卫早起程；满山石子列成队，争争挤挤抢头功。

朝飞东海暮归山，风风雨雨几秋冬？美翎挂得片片落，白嘴磨得血染红。双脚刺得皮肉烂，浑身累得筋骨疼。

窟窿废除黑乌鸦，拦住精卫笑连声：茫茫东海何其大，区区小命几时终？不如尽早筑个窝，安安然然度此生。

精卫不理乌鸦攻，一如既往飞不停。飞到海南海燕接，飞到海北海鸥迎。翅膀抖落千吨尘，小口衔走山几重！

精卫填海志不移，山山水水都动情。千里漳河变浊流，夹沙带泥海中倾。万里黄河卷木石，浩浩荡荡入海坑！

传说齐鲁皆水域，精卫填海著奇功。填出平地种稻麦，填出高山长青松。填出岛屿海中布，犹如万盏航标灯。

女娲精神世人赞，精卫意志万民颂。漳河源头修庙宇，发鸠山下建坟茔。故事不老代代传，激励后人去斗争！

作者在诗篇中生动形象叙述了精卫填海的辛勤过程，刻画了精卫不辞辛劳、不怕危险的大无畏精神，同时在结尾处表达了后世人们对于精卫行为的称赞，认为精卫精神将永远激励人们不断奋斗。

又如2004年6月发表于《长治日报》的《精卫填海》，将精卫填出了山东半岛的传说和三圣庙的故事一同融入所创作的诗歌之中：

女娲在世爱大海，死后与海结缘情。决心与海不两立，矢志要把海填平。女娲化作精卫鸟，栖身发鸠森林中。文首白喙赤足腿，灰色羽毛亮晶晶。精卫！精卫！鸣自詨，飞来飞去显神灵。嘴衔石子柘木枝，投到东海水浪中。女娲填海恒心烈，感动姐姐和母亲。母女二人鼎力助，为她备料当帮工。锲而不舍挖又啄，女娲衔飞快如风。衔完地面石木枝，又在地上啄成坑。一嘴啄下四颗子，四星泉水向外涌。越流越大成漳河，漳源泻碧成一景。长年流沙来淤积，华北平原已形成。女娲填出半个岛，她为人类立奇功。

在这篇作品中，作者感激于精卫为后世所作出的卓越贡献，无论是周边环境的改善抑或是人类居住地方的变化都与精卫的不懈努力息息相关。

对于身处外地的人们来说，精卫也成为家乡的代表，这是一种维系亲情、同乡情的纽带，仿佛在有精卫印记的地方便可以找到自己的归宿。如刊登在《精卫鸟》杂志中冯贵先的诗作："千年古县换新装，精卫今传四海扬。借问神传何处去，发鸠长子便吾乡。"当然，除了具体的文学作品中，精卫填海也成为媒体对诸多社会民生新闻报道的标题，这无不说明，精卫文化的活动印记已融入中华民族的血脉之中，成为一种普遍的文化精神。

随着文化事业的兴起，精卫文化越来越凸显出它独特的品牌价值。在长子县委、县政府的支持下，长子县委宣传部创办了由申修福主编的文学季刊《精卫鸟》，在《精卫鸟》

《精卫鸟》杂志（唐磊　摄）

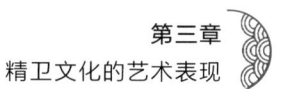

杂志二十多年的出版发展中，培养了一大批文学新人。通过文学讲座、文学沙龙等形式，从思想上、艺术上给予新人辅导，使一大批文学创作人才脱颖而出，精卫鸟文学创作队伍达到 200 多人，在长子地区出现了"精卫鸟"文化现象，并且逐渐传及全国各地。2021 年，长子县还组织开展以精卫文化为主题的全国性诗歌文化节等活动，这些活动有利于形成浓厚的精卫文化氛围，传承精卫文化根脉，推动相关文化产业的兴起和发展。

第二节　民间文化

一、长子鼓书

长子鼓书起源于山西省长治市长子地区，是长子地区特有的地方性剧种，在形成的过程中，不断汲取长子道情、长子钢板书、上党梆子等地方曲种以及河南地区的唱腔，在此基础上由长子当地鼓书艺人结合本地人的兴趣爱好、生活情况，经过长时间的演变交融，最终形成了长子鼓书。由于长子的地理环境和人文历史，使得当地人们习惯于将自然环境或神话故事纳入自己的日常生活消遣之中，精卫填海、后羿射日、神农尝百草、崔珏断虎等神话故事成为长子鼓书产生的深厚文化基础之一，也成为长子鼓书丰富的故事素材。

长子鼓书的雏形是长子评书。最初，评书是作为长子劳动人民在茶余饭后、闲暇休息时为了娱乐消遣而创作的一种口头艺术，由普通村民在街头巷尾或院舍家中讲述民间故事，其故事内容多为日常听闻或民间传说。后来，这种口头艺术逐渐发展为一种职业，由专门的艺人来负责讲述故事，故事内容也变得更为丰富，从短小的民间故事发展到长篇话本，由通俗的口头叙述发展到对故事中角色人物的模仿，以及对故事情节的评论，同时表演形式和表演场所也更加规范，甚至开始出现茶具、烟具、惊堂木等道具。随着宋元时期说唱艺术的繁荣与流行，在清朝道光年间，长子评书开始与鼓词相结合，开创了一种新的表演曲种——木板书。木板书有着更为丰富的唱腔音乐，表演方式也更加多样，以唱为主，开始加入伴奏乐器书鼓或手板，花小狗、李天保、宋昆龙等是这一时期有名的木板书艺人。直至20世纪40—60年代，长子鼓书才基本定型。此后，随着我国经济的不断发展，人民生活水平不断提高，人们对娱乐方式的要求也越来越高，在社会发展的大背景下，长子鼓书顺应时代潮流，迅速发展并趋于稳定，长子鼓书不仅立足于上党地区，还走出太行山，受到河北、河南等地观众的喜爱。2011年经国务院

长子鼓书表演现场（长子县人民政府网站　供图）

批准，长子鼓书被列入第三批国家非物质文化遗产名录。

在长子鼓书关于精卫填海的选段中，可以看出唱词在创作的过程中，不仅保有语言修辞，同时民俗气息也更为浓厚，更加贴近地方百姓的语言习惯，形成独特的唱词风格。在选段之中开篇的几句简明扼要地概括故事的内容并介绍人物、环境，随后通过表演者的唱腔演绎让观众了解精卫填海的故事内容，也有着告诫世人持之以恒、坚持不懈的教化作用。长子鼓书的唱词往往能将故事情感精准地表达出来，或风趣幽默，或悲怆凄凉，或欢快愉悦，避免了平淡的叙述或枯燥的说教，引人入胜，使得听众更易融入表演之中。

二、长子八音会

长子八音会是上党八音会的重要构成部分之一，2006年上党八音会经国务院批准被列入第一批国家级非物质文化遗产名录。八音会究竟起源于何时何地，已无法在正史之中找到，根据现有的笔记文章，大致可以推断上党八音会萌芽于秦汉时期，其源头是秦末汉初北方汉族和少数民族居住区流行的鼓吹乐。唐玄宗李隆基在担任潞州别驾时曾下令编排具有上党特色的音乐曲目，这一举动极大地推动了上党地区的音乐文化发展。明清时期，又与戏曲音乐互融互补，最终形成了八音会的独特的演奏形制。

长子八音会演出现场（长子县人民政府网站　供图）

长子八音会是一种古老的民间交响乐团，以其表演内容的多样化和乐器合奏时和谐的音响效果而深受百姓喜爱。在长子，八音会大多为民间组织的音乐班子，演出场合往往是庙会、节日庆典、街头舞台和婚丧嫁娶等。八音会表演时大致会用到吹管乐器如唢呐、管子、笙等；丝弦乐器如二胡、板胡、琵琶、扬琴；打击乐器如鼓、锣、镲、梆子等；进入现代后，有些演出也融入了电声乐器和西方乐器。不同的乐器在表演中随着情节发展和剧情需要或独奏，或齐鸣，错落有致、吹打并重，文武相接，将故事所带来的喜怒哀乐等各类情感表现出来。除去吹打音乐带给观众的听觉与视觉的双重美感外，表演者同样要随着戏文中的人物唱段一边演奏，一边在舞台上走场子，声情并茂，演奏兼备。长子八音会融合宫廷、庙堂、戏曲和民歌小调四大音乐元素，以文场、武场吹打轮番、互为激励、相呼相应、配合默契的方式演奏；

演奏内容雅俗共赏、朝野喜闻、歌戏互补；演奏音乐高亢悲壮、激越豪放、热烈火爆、荡气回肠。

三、长子响铜乐器

长子县一直就有着"铜乐器之乡"的美誉，作为我国最早生产响铜乐器的地方之一，长子手工制造响铜乐器的历史悠久，至少可以追溯至唐代。长子响铜乐器制作技艺是我国

长子响铜乐器（长子县人民政府网站　供图）

的一项重要的非物质文化遗产，其制作工序较为繁杂，用到的器具也较多，一件合格的响铜乐器必须经过熔炼制坯、热锻、淬火、冷锻整型、校音、抛光、打孔、定音几个步骤方能完成。如上文所述，长子地处要塞，优越的地理环境使得其传统文化得到了长足的发展，浓厚的传统文化为响铜乐器发展提供了丰厚的文化土壤。而长子的地方艺术和宗教音乐也对响铜乐器的发展产生了深远的影响。

长子地方艺术形式多样，源远流长，除了上文所述的长子鼓书、长子八音会，还有秧歌、道情、上党落子等地方艺术，多元化的艺术形式使得响铜乐器的覆盖范围更加广泛，乐器种类也日趋丰富。而宗教和民间信仰的发展，也让响铜乐器具有更广泛的社会需求。

在民间传说中，精卫填海的故事版本并不相同，但都反映出古代人们对于自然界的敬畏，后世人们铭记于精卫的所作所为，又将其作为一种精神寄托，这些都是民间信仰的一种显现。根据《长子县志》记载，长子县有法兴寺、灵湫庙、白鹤观等宗教场所，无论佛教道教，宗教音乐都对响铜乐器的发展产生了推动作用。如在佛教音乐中，镲扮演着重要的角色，是一种法器，通常在念诵经文时要在每段后鸣镲三次，某些特殊经句念完后鸣一次，法会结束时鸣三次，以起到突出强调的作用。《长子县志》中记载自南北朝时期至清代末年，长子地区先后修建佛寺近三十座，此外，还有一些小佛堂。佛寺的修建进一步加大了对响铜乐器的需求，也刺激了响铜乐器的生产和技术改进。道教亦如是。

第三节　地方活动

一、祭祀

据《长子县志》记载，除羊头山神农城内有庙废后东面续建炎帝庙外，只有熨斗台、南漳镇东王内村凤凰山上和色头村三处建有炎帝庙。独特的是熨斗台上炎帝庙旁建有精卫祠，南漳镇东王内村凤凰山上的炎帝庙北部有供奉女娃的漳河神庙，羊头山炎帝庙下色头村南也建有精卫庙。在长子，有炎帝庙的地方就有精卫庙，这种情况是长子地区独有的，

航拍灵湫庙（长子县历史文化研究院　供图）

全国其他城市都没有此种情形。从中我们大概可以推断，因为炎帝曾生活于长子，人们最初只是在羊头山上的炎帝庙中祭祀炎帝，在旁边的精卫庙中祭祀其妻女，后来才向周围地方延伸。随着时间的推移和社会的变化，长子人们逐渐将祭祀炎帝及其妻女拓展至生活中的方方面面。

在长子方山一带建有很多山神庙，每年农历七月十五上午人们都习惯于先上山祭祀山神，再返回家中。相传山神庙能保佑牛羊人，《羊头山新记》中明确写道"羊头山神，指神农也"，也就是说，在长子这里的山神就是炎帝。七月十五不仅要祭祀山神，同样也要祭祀田地之神，以保佑庄稼生长成熟。《礼记·月令》曰："土神称曰神农者，以其主于稼穑。"《春秋》载："炎帝号大庭氏，下为地皇。"由此可以看出，长子人们所说的土神或地神同样指代炎帝。

长子地区有许多传统的民俗习惯与炎帝有关。腊月初一吃炒豆，以纪念人们能够吃上粮食，不忘祖宗创举。腊月初八要进行交易活动，以纪念传承炎帝立市廛的举措。腊月二十三日晚上，长子家家户户都要将麻糖或饧饭置于灶王像前，插香祭祀。《淮南子》载："炎帝王于火，死而为灶。"在长子也有"腊月二十三，打发老爷上了天"的说法，因而长子民众所祭祀的灶神同样是炎帝的化身。长子县境内还有许多牛马王庙、五谷财神庙、医祖庙、先农庙等，这些庙宇都有着特定的祭祀时间与祭祀活动。牛马王庙、五谷财神庙、先农庙所祭祀的均为炎帝，而医祖庙常用于祭祀精卫母女或是女娲娘娘，因时代久远人们早已分不清楚这里的医祖庙最初祭祀何人，便会统称为奶奶庙。

长子民众除了在特定节日会去庙宇进行祭祀，在人的一生之中的重要时刻也有向炎帝及其妻女祭祀的习俗。在长子乃至整个山西，每个人都要经历一次"圆锁"的祭祀。人们习惯于在孩子出生后的第一个春天去土地庙缠枷祭祀报到，表明新生命的诞生，祈求他身体健康。到了十五岁便要举行开锁仪式，人们通常会在院子供天地爷前，蒸三牲祭祀，然后依次打开孩子脖子上的三把圆锁，再由儿童拿着由黍秧做成的笤帚赶着圆锁之人跑到楼上去，以此算作成人之礼，寓意从此以后要成为有担当、有作为的人。长子人们在完婚时也有着箕帚祭祀的习俗，新媳妇在走下婚车时要从婆家人手中接过簸箕和扫帚，向外簸三簸向里扫三扫，意为不要忘记簸扫五谷，日后生活富足美满。

二、庙会

在长子县西边四十五里的漳河源头上建有一座庙宇，古时称三圣公主庙，也称泉神庙，当地百姓也叫其奶奶庙。北宋政和元年，长子地区适逢大旱，据记载当年春季到夏季都不曾下雨，严重的干旱使得庄稼无法播种、生长、收获，百姓屡屡祈雨都未能成功，人们都担心这次大旱会导致饥荒。后来长子县令王大定亲自带领官吏百姓在庙中祈雨，两日后长子天降甘霖，奇特的是长子周围地区依然干旱如旧。宋徽宗即位后得知此事，将此庙赐名为"灵湫庙"。后经元、明、清多次重建、扩建、修葺，周围陆续建造开岁塔、八角琉璃井、四星池、南北桥、登天梯、南天门、奶奶炕等，庙宇规模逐渐宏大，建制也日趋完备。在灵湫庙中塑有精卫和其母亲、姐姐的石像，故此地最初名为三圣公主庙。此后，长子

灵湫庙内精卫塑像修缮现场（唐磊　摄）

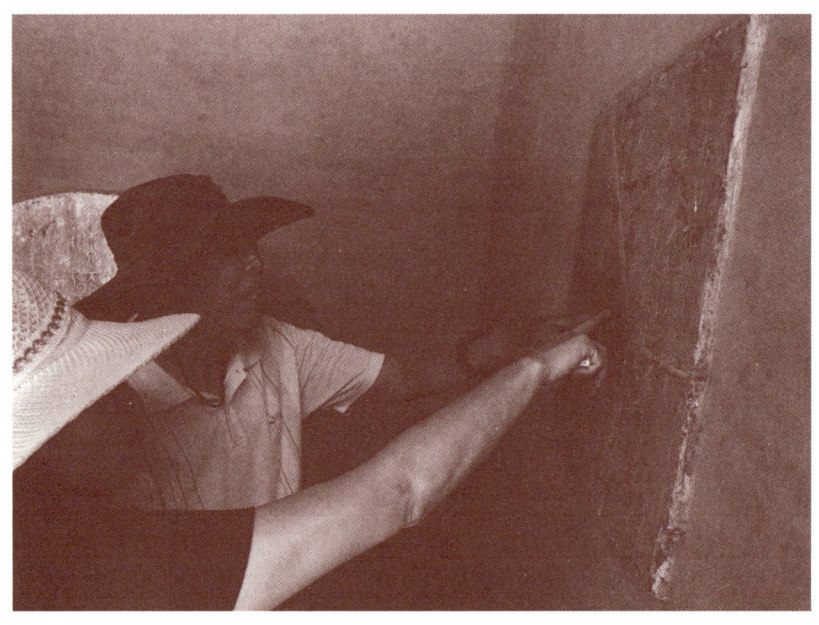

灵湫庙碑刻（曹莹　摄）

民众便习惯于在每年农历三月十八日和七月十八日来这里举行祭祀活动,祈雨时节另当别论。明代朱载堉在其《羊头山新记》中写道:"又西北三十里,曰发鸠山。山下有泉,泉上有庙。宋政和间祷雨辄应,赐额曰:'灵湫。'盖浊漳水之源也。庙中塑如神女者三人,旁有女侍,手擎白鸠,俗称'三圣公主',乃羊头山神之女,为漳水之神。"

灵湫庙碑林(长子县历史文化研究院　供图)

农历三月十八日和七月十八日并不是中国传统的祭祀时间，但按照长子地区的习俗，一般把出生或去世的日子作为祭祀日，那么这两个日子就极有可能是精卫及其母亲、姐姐出生或死亡的日子了，想来这是长子民众感念炎帝与三圣公主的功德而形成的一种地方习俗。

漳河旁还有一座风婆山，据传这里是"精卫填海"传说之一雨师赤松子和炎帝之女的栖息之地，学界对于这位炎帝之女究竟是瑶姬还是女娃，暂未有确切的定论。但赤松子是神农时期的雨师毋庸置疑，因此在风婆山上也建有一座风婆雨师庙，正殿中塑有一男一女两尊神像。女的端庄秀丽、慈眉善目，主风；男的赤裸上身、赤髯浓眉，主雨。不知是山上风婆雨师的庇佑，还是长子得天独厚的地理环境，长子历史上大都风调雨顺，百姓安居乐业。人们也习惯于在每年农历八月二十八日在风婆雨师庙举办庙会，后来风婆雨师庙因年久失修而坍塌，当地民众便将风婆山庙会从山上迁移到山下壁村，延续至今。

据当地老人回忆，长子有许多庙会都与炎帝和精卫有关，东至平顺壶关，西到安泽，南至高平晋城，北到屯留，人们都会参与到庙会之中。人们在庙会上相聚在一起，一边庆贺一边交易。买卖的内容丰富多样，如以牛羊骡马为主的牲畜，或是生长于发鸠山的各类药材等，庙会发展到今天所售卖的是各类生活用品。随着时间的推移，人们已不会再对庙会主题进行过多强调，而是将历史文化融入血脉，在年复一年的庙会活动中，不断传承、不断怀念。

第三章 精卫文化的艺术表现

三、办赛

旧时上党地区，特别是长子、潞城、屯留等地，都有一种办赛敬神的习俗，不同于一般村庄节日社火的迎神赛会，它自有乐户、堪舆家例行的一套礼节程序和"神戏"的演出规定。得益于长子的山川、河流、庙宇和诸多古代神话传说，如精卫衔石的发鸠山、炎帝庙等，使得这种以傩戏为主的比赛更加突出了原始民族的习俗。

傩戏是由原始巫舞演变而来的，商周时期起，人们把祭祀神灵作为重要的活动。在祭祀的仪式中必然要有歌舞，这就是傩舞。后来逐渐在歌舞中增加故事情节，丰富了表演，向傩戏转化。在上党地区，人们至今依然保持着古代驱傩赛神的民俗。

官方组织的傩戏比赛大多是围绕一座传统办官赛的神庙，由官方厘定几个村社联合举办，在长子这种官赛神庙有二十多处，如敬奉精卫的精卫祠或三圣公主庙、敬奉炎帝的炎帝庙、敬奉后羿的三嵕庙等。长子县不仅有诸多官赛神庙，也有大量世袭传承的乐户，如南李村、壁村、鲍店镇、南鲍村，这里都或多或少散居着乐户的后裔。一般来说，傩戏比赛是一年敬神之始，每年年初，只有赛戏开台后，其他百戏散乐才能接踵表演。据《礼节传簿》记载，傩戏比赛有着一套较为繁杂的祀神仪式，需事先由群众公推选定维首（俗称老社头）为办赛总负责人，接着由负责人主持办赛的准备工作，如订队戏、订大戏、请煮花祭厨师、订八音会、聘请油木裱糊匠、确定赛期台下科头和主礼生等职人员、设

发鸠山上的精卫祠（长子县历史文化研究院　供图）

精卫祠（长子县历史文化研究院　供图）

计迎神上香会、赛期的供馔仪式以及队戏大戏安排等。无论赛会大小，赛期一般都为三天，第一天曰头场，第二天曰正赛，第三天曰末赛。在赛期前一天的迎神上香会，也寄托着长子人民驱疠逐疫、祈福禳灾的美好愿景。

随着时代变迁，村民们为了表示虔诚或出于争强斗胜的心理，又会在傩戏比赛中根据各地乡俗、生活条件和百姓心愿，对比赛形式或内容加以创新。比如长子县农历六月初六的三峻庙大赛会有由仪仗队、鼓乐、杂戏综合形成的一列很长的社火队伍。前面大铙大鼓过后，会紧接一队武社火，再一队鼓乐，迎着赤、白、蓝、黑、黄五位龙王过场，随后由八音会迎着四抬装有珍奇异宝的"软纲"和四抬五光十色的"硬纲"，此后一队人员依次表演杠装、鼓乐、二鬼搏斗、扒山虎、独龙驹、高跷、旱船等杂戏，这些杂戏故事与故事之前还会夹杂着包括精卫填海在内的许多小故事，随后会有人托举着称作金楼、银伞的装饰物以及旗幡仪仗，最后才是八抬龙轿抬着的三峻神神像。虽然傩戏比赛的形制规模、表演内容都或有不同，但这些比赛既娱神又娱人，广受长子人民喜爱，也日渐成为人们愉悦身心的重要文化活动之一。而傩戏本身所包含的民族、宗教、社会、风俗、语言成了解社会生活状态的重要窗口，有着巨大的研究价值。

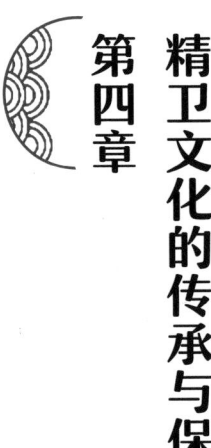

第四章 精卫文化的传承与保护

在人类发展的历史长河中，有无数延续至今融入血脉的神话传说。而精卫填海的故事充满丰富的想象、奇妙的情节和神奇的色彩，其中所蕴含的创造性和实践性，展现了兼容并蓄的人文精神和认识世界的科学精神，这种隐含在其中的天人合一的精神在强调人文和生态环境保护的今天也同样具有深远的意义。

第一节　精卫文化的意义

精卫文化中蕴含着不畏困难、百折不挠、嫉恶如仇、人定胜天的民族精神，这是精卫文化的核心价值所在，是构成

第四章
精卫文化的传承与保护

中华民族古代神秘文化宝库的重要组成部分，在中华民族文化发展史的里程中绽放着耀眼夺目的光彩。直至今日，精卫文化依然有着深刻的文化内核和独特的社会作用。政治上，精卫文化已成为海内外华人文化认同的纽带，有利于增强文化自信，提高文化软实力。经济上，精卫文化促进了长子地区产业发展，特别是旅游业的迅猛发展，同时精卫积极进取的精神也在一定程度上激励着一代又一代的晋商不断发展壮大，促进了山西地区商业的繁荣。在社会上，精卫文化不仅丰富了地区文学艺术创作形式，满足了人们日益增长的文化需求，还有着规训人们言行的功能，有利于维护社会稳定。

精卫文化是在远古社会中由人民群众所创造的，但同时精卫文化也不断影响着人们的言行和社会的发展。最初，精卫文化是人们对于自然界的一种心理反应呈现，精卫填海的行为是一种生存意识与生存需要，但如今已经延伸并发展成为历史认同需要、文化认同需要、社会认同需要。传承精卫文化，弘扬精卫精神，有利于提升人们思想道德素养，构建和谐稳定社会。目前，在精卫文化的传承和保护中还存在着对相关神话传说、文献资料、影像资料、声音记录、历史档案、历史古迹等保护不到位的问题，需要我们尽快对这些文化资源进行进一步的普查、抢救与保护。

在精卫文化的传承与保护中，我们更应把精力集中到精卫文化深层内涵的研究、挖掘和表现形式的创新方面，形成合力。应该怀着强烈的民族情感和对远古祖先的崇敬之心进行慎终追远的纪念活动，通过强化乡土观念和地域意识来促进群体对家乡的热爱，作为具有地方特殊的人文旅游资源进行推销，以求获得较大的社会效益和经济效益。这一切都有利于中华民族凝聚力的增强、爱国主义情操的培育、民族归属感的认同、和谐社会的构建和地方经济的发展。

第二节　中国精卫文化起源地研究课题

一、前期调研

中国精卫文化起源地研究课题是中共长子县委宣传部、长子县历史文化研究院于2020年4月向起源地文化传播中心申报的2020年度中国起源地文化研究课题项目。经起源地文化传播中心组织中国民间文艺家协会中国起源地文化研究中心、中国西促会中心起源地文化发展研究工作委员会的智库专家进行开题、调研、研讨、梳理等工作，根据课题组专家评审意见，形成课题成果：山西省长子县为精卫文化起源地，该课题成果将作为《中国起源地文化志系列丛书》之一出版，在全国发行。

中国精卫文化起源地研究课题项目经历了中国精卫文化起源地研究课题申报书填写申报，受邀赴长子县考察调研精卫文化，召开中国精卫文化重要起源地课题开题研讨会、研讨论证会以及中国精卫文化起源地研究课题成果发布等重要环节。具体过程如下。

第四章
精卫文化的传承与保护

专家组在发鸠山实地调研（曹莹 摄）

2020年6月5日，受山西省长子县历史文化研究院邀请，中国起源地文化研究课题组专家：中国艺术产业研究院执行院长、上海大学美术学院教授罗宏才，上海交通大学教授高有鹏，中国民协中国起源地文化研究中心执行主任、起源地文化传播中心主任、起源地城市规划设计院院长李竞生等一行，在长子县历史文化研究院院长陈小素、顾问李蹊教授，成员王建宏、高志雄、王贵明，县文联主席李建文、县文旅局牛振洲，以及石哲镇党委书记杨利峰等的陪同下，深入神话传说"精卫填海"起源地发鸠山和皇姑坟、灵湫庙进行调研。

专家组在皇姑坟实地调研（曹莹　摄）

第四章
精卫文化的传承与保护

专家组在灵湫庙实地调研（曹莹　摄）

专家组在长子调研（起源地文化传播中心　供图）

调研结束后，于 2020 年 6 月 8 日上午召开了中国精卫文化起源地研究课题调研及开题研讨会，中共山西省长子县委常委、宣传部部长申丽光，长子县人大常委会原主任、长子精卫文化研究会成员花俊富，长子县人大常委会原副主任、长子精卫文化研究会成员程子健，长子县委宣传部副部长杨路和调研组一行，就中国精卫文化起源地研究课题进行了深入的研讨。会议由长子县历史文化研究院院长陈小素主持。陈小素院长首先介绍了申报中国精卫文化起源地研究课题的基本情况。长子县委宣传部副部长杨路介绍了长子县总体情况。中国民协中国起源地文化研究中心执行主任李竞生介绍了研究课题的工作流程以及工作规范，专家组成员也分别就调研情况进行了深入探讨。

高有鹏教授说，应站在中华文明文化复兴的特殊背景上，更深入地从考古、地质、史料中去不断发现新的内容和线索，不断丰富精卫文化的内涵。再理解精卫神话是中华民族精神价值的重新体现。精卫文化的源头不仅仅是历史人物，更是改造山河、超越自我、不屈不挠的中华民族精神的体现。长子县作为精卫文化的起源地，应更具有包容性。长子县应引领精卫文化的传承和发展。

罗宏才院长从七个方面进行论述。第一，中华文明到了该整理信息化传递的时代，关于精卫文化的探源，应该从更高的角度进行探索。第二，前辈提供了大量的考古成果，具有良好的基础，不要把过去的考古成果变成唯一，应打破观念、解放观念。第三，精卫文化起源地的研究要进入一个总体的背景和环境。不要简单化、单一化。精卫文化位于中华民族的核心区域。过去的尝试是单项学科，现在的研究方式应走向规范，走向群组。第四，应该提炼精卫文化的核心，系统地梳理精卫文化体系。第五，精卫文化的文化生长链是完整的、丰富的，后期要不断研究和论证精卫文化与山、河、日、月的关系，与历史人物的关系。第六，要打破方法和机制，通过项目管理制、课题责任制，广泛吸纳不同学科的专家，从溯源到单源、引源、活源。第七，成果的呈现应该多元化，可视、可读、可感受、可传播。

曾经奋战在长子教育一线的李蹊教授，近些年对长子县的精卫文化做了大量的工作，对长子县精卫文化有更多的期待及更高的要求。他说，要充分发挥精卫填海不屈不挠的精神，用精卫精神引领长子县的文旅产业及地方经济的发展。

李竞生主任就精卫文化起源地研究课题的成果转换进

行了深入的阐述。他说，长子县作为精卫文化新的起点和开端，中国精卫文化起源地研究课题不仅是学术研究，更重要的是梳理精卫文化体系、保护精卫文化知识产权、打造精卫文化产业、构建精卫文化业态，将课题研究成果转换成新的动能，将长子县的文化遗产活态化，让长子县的国宝文物活起来。在历史承上启下的过程中，用文化的基因去引爆区域经济。在新时代的背景下，中国精卫文化起源地研究课题对于乡村文化振兴和高质量发展有着非常重要的意义。

最后，申丽光部长就调研及研讨会做了总结发言。首先，他对长子县历史文化研究院及中国起源地文化研究课题组的专家们表示感谢，对发展精卫文化更加有信心和决心。其次，他将严格要求、全力以赴地支持，不嫌麻烦地推进。最后，他结合地方文旅产业及经济的发展提出要求，中国精卫文化起源地研究课题定位学术支撑、服务于地方，将文化研究成果转换成文化产业，将文化符号转换成文化品牌，通过全媒体方式传播出去，打造精卫文化的产学研文创基地，服务于地方经济。精卫精神就是中国精神，长子县有责任和义务传承中国精神、传递中国力量。

第四章
精卫文化的传承与保护

中国精卫文化起源地研究课题调研及开题研讨会现场（曹莹 摄）

二、课题启动

2020年10月11日，中国精卫文化起源地研究课题在山西省长子县启动。中国精卫文化起源地研究课题旨在发扬不畏艰苦、意志坚定、锲而不舍、自强不息的精卫精神，梳理精卫文化脉络，推动精卫文化创造性转换和创新性发展，促进精卫文化产业融合发展，打造精卫文化品牌，构建精卫文化知识产权体系。

中国精卫文化起源地研究课题启动仪式（唐磊　摄）

在中共长子县委宣传部、长子县文化旅游局、长子县文联、长子县历史文化研究院等领导的陪同下，中国起源地智库专家一行再次对长子县进行调研。

中国民间文艺家协会副主席、中央民族大学教授林继富，中国社会科学院研究员、中国神话学会副会长刘亚虎，中国文联民间文艺艺术中心副主任、中国起源地智库专家委员会主任刘德伟，中国艺术产业研究院执行院长、中国起源地智库专家、上海大学教授罗宏才，中国民协中国起源地文化研究中心主任、中国西部研究与发展促进会副会长兼秘书长丁春明，中国民协中国起源地文化研究中心执行主任、起源地文化传播中心主任、起源地城市规划设计院院长李竞生，中共长子县委常委、宣传部部长申丽光，中共长子县委宣传部副部长杨路，长子县人大常委会原主任花俊富，长子县人大常委会原副主任程子健，太原师范学院教授李蹊，长子县政协原副主席李润文，长子县文联主席李建文，长子县文化旅游局局长张明，中国作家协会会员、长子县历史文化研究院院长陈小素等出席中国精卫文化起源地研究课题启动仪式并发言。

申丽光部长受中共长子县委书记的委托致辞，首先代表中共长子县委、长子县人民政府对参加中国精卫文化起源地

申丽光部长致辞（唐磊　摄）

中国精卫文化起源地研究课题启动（刘承祥　摄）

启动仪式上林继富、刘亚虎、罗宏才、李蹊、陈小素被聘为中国起源地智库专家、中国精卫文化起源地研究课题组专家,申丽光、丁春明为其颁发聘书(唐磊 摄)

杨路副部长介绍长子县概况(唐磊 摄)

研究课题启动仪式的领导、专家表示感谢和欢迎。中国精卫文化起源地研究课题的启动，是长子县文化事业发展中具有里程碑意义的一件大事，对于更好地保护和传承长子县精卫文化具有重要作用。中国精卫文化起源地研究课题成果，必将为长子县打造精卫文化名片提供充分的学术依据，使精卫文化走出长子、走向全国、面向世界。

中国精卫文化起源地研究课题旨在发扬不畏艰苦、意志坚定、锲而不舍、自强不息的精卫精神，梳理精卫文化脉络，推动精卫文化创造性转换和创新性发展，促进精卫文化产业融合发展，打造精卫文化品牌，构建精卫文化知识产权体系。课题组成员分别对本次课题申报研究方向、价值意义等内容进行交流发言，并结合自身领域针对精卫文化未来的发展提出大量具有可实施性、建设性、针对性的建议。

李竞生详细介绍了中国精卫文化起源地研究课题的主要内容，并围绕精卫文化体系构建、精卫精神与新时代发展、精卫文化保护与传承、精卫文化创新发展、精卫文化知识产权体系构建、精卫文化脉络梳理及精卫文化未来发展规划进行深入探讨。他同时提出，应当通过本次课题研究梳理精卫文化脉络、文化历史，通过文献资料、民间口述和考古遗迹来构建精卫文化体系，使得精卫文化和精卫精神能够与新时代共同发展，推动精卫文化的创新发展，促进精卫文化知识产权体系建立，对精卫文化加以保护和传承。

中国社会科学院研究员、中国神话学会副会长刘亚虎提出，精卫填海神话是体现中华民族传统文化"坚韧不拔"精神的三大神话之一（其他两个是"夸父逐日""愚公移山"，三大神话横贯"天、地、水"），在《山海经》里有记载，在山

李竞生主任发言（唐磊　摄）

西省志、长子县志中均有续写。长子县有精卫鸟栖息的发鸠山以及精卫冢等遗址、关于精卫填海的传说等，是研究精卫文化起源地的最佳选择。关于精卫文化起源地研究课题，可以做一些工作，如：梳理古籍、地方志相关记载，巩固长子作为精卫文化起源地的地位；收集民间相关的传说与歌谣；注重包括炎帝庙、医祖庙等在内炎帝相关遗址的修复，以丰富精卫文化的文化环境；不断发掘精卫文化的精神。同时，他也希望精卫文化研究能在其广度和深度上不断开拓。

第四章
精卫文化的传承与保护

刘亚虎研究员发言（唐磊　摄）

林继富教授认为，长子精卫文化具有重要的历史价值、文化价值和现实意义。在长子民间口头流传着丰富的精卫填海传说，并且以此为条件形成并传承着精卫文化。更为重要的是长子许多地名也与精卫文化有关，诸如发鸠山、精卫冢等，灵湫庙也成为长子人信仰精卫文化的中心。可以说精卫文化从多个方面传递长子人民的生活信仰、磨砺长子人民的精神、培育长子人民的生活性格。精卫文化融入长子人的生活实践和文化信仰中，其精卫文化的多样性传承，成为长子乃至全国优秀的传统文化。长子精卫文化在当代以新的方式传承发展，将精卫文化作为文化品牌进行建构，突出其文化品牌所蕴含的价值。"精卫填海"城市雕塑、"精卫路"命名等，都是精卫文化品牌建构所发挥的良好作用。建议加强对长子精卫文化的收集、整理，对长子精卫文化精神进行提炼，对精卫文化现代传承方式多样性进行研究。

林继富教授发言（唐磊　摄）

　　中国文联民间文艺艺术中心副主任、中国起源地智库专家委员会主任刘德伟认为，精卫文化作为中国古代神话之一，年代久远，分布地域较广，集中于山西长治一带发鸠山。这一神话在后代流传广泛、影响较大、含义丰富，与之相关的研究也比较多，但对其源头探讨尚不深入，特别是多学科研究几未展开，因此，建立中国精卫文化起源地研究课题很有必要。特别是在当前形势下，探究精卫文化起源，梳理文脉传承，弘扬精卫文化，对于促进长子县及其相关地域文化传承发展具有重要意义。建议课题从五个方面展开：第一，梳理精卫文化脉络，守正创新；第二，构建精卫文化体系；第三，注重精卫精神与地域文化建设；第四，注重精卫文化创新发展；第五，做好精卫文化的知识产权体系构建。课题研究要注重过去、现在与未来，注重时间、空间的融合与交叉，多学科共同研究。

第四章 精卫文化的传承与保护

刘德伟主任发言（唐磊 摄）

　　罗宏才教授指出，要注意学术发展速度、水准与理念、方法的更新变化，突破以往研究模式，用新的理念方法对位精卫文化起源地研究主题。要立足于传统神话传说研究成果积淀，也要注意最新的研究成果、最新的考古发现成果的注入与对照，构建新的精卫填海文化研究体系。要注意区域神话传说体系与区域考古发现体系的结合，产生良好的学术通融效应。要建立包括传统历史文献、历史人文地理图像、最新考古发现成果、民间传说等相关精卫文化研究信息在内的课题数据信息源。定期或不定期输出包括数据信息发布、论述、成果转换等研究成果。同时还要注意精卫文化资源的活化与利用，注意区域地理类型传说文化体系的联通共融，建立对照共融学术体系。开放基于精卫文化核心、满足群众文化需求、吻合时代节奏的精卫文化产品。立足于精卫文化核心区域长子县的专题文化旅游，注意与精卫文化相关区域神话传说主题文化旅游联通，构建区域神话传说文化旅游联盟，产生良好的区域文化联通共融效应。

罗宏才教授发言（唐磊　摄）

丁春明主任指出，精卫文化起源地研究课题申报是一件可喜的事情。在长子县尤以精卫填海的神话传说最为突出，作为世界都较为熟知的精卫填海故事起源地的长子县成为此课题的申报单位是当之无愧的。长子县历史悠久，历史故事、历史古迹较多，内容丰富，由于历史发展的原因很多建筑已不复存在或年久失修，但文化内涵的传承依然存在，并且随着改革开放的发展以及党和政府提出的文化自信，更为长子县用文化建设和发展引领文化产业的发展提供了重要的机遇。长期以来，长子县重视地方文化的研究，从机构设置、宣传力度、资金投入、文物和相关文化遗址的修缮等方面都做出了相当的努力。通过精卫文化起源地研究课题项目申报,能够进一步加大对精卫文化及相关神话的研究与梳理,也希望此次文化研究能够引导文化产业的发展,形成长子县独特的系列文化产业,助力当地经济的健康发展。

丁春明主任发言(唐磊 摄)

太原师范大学国学院院长、长子历史文化研究院顾问李蹊教授指出,精卫文化起源于长子县西部发鸠山,已为历代史书及地方志(《山西省志》《潞州府志》《长子县志》)所记载。精卫填海的故事,与愚公移山、女娲补天、大禹治水等神话传说共同塑造了中华民族的民族性格和民族精神,成为古今学人的共识,探索研究精卫文化已成为一项意义重大的课题。经过对课题的调研、研讨,本课题开启以后,第一,应该从现存历史文献和民间传说两条线进行系统的梳理,从

而使精卫文化更为系统化。第二，应该深入总结精卫文化中可以作为民族精神传承的东西，载入志书，不断发展传承下

李蹊教授发言（唐磊　摄）

陈小素院长发言（唐磊　摄）

去。第三，应采用多种手段、多角度发掘精卫文化精髓，构建精卫文化体系。第四，长子县应该把精卫文化的主要精神及时、准确地宣传开来，使之物化，更便于传承。

专家组在发鸠山田野调查（唐磊　摄）

专家组在发鸠山田野调查（刘承祥　摄）

专家组在灵湫庙田野调查（唐磊　摄）

三、中国精卫文化起源地研究课题研讨论证会

2020年12月29日，中国精卫文化起源地研究课题研讨论证会在北京和山西长子两地通过视频连线的方式举办，同课题申报单位进行研讨、论证、答辩。

第四章
精卫文化的传承与保护

2020年度中国起源地文化研究课题研讨论证会现场(曹莹 摄)

中国精卫文化起源地研究课题是中共长子县委宣传部、长子县历史文化研究院于2020年4月向起源地文化传播中心申报的2020年度中国起源地文化研究课题项目。

国家文物局原党组副书记、副局长、中国起源地顾问、智库专家张柏，中国民间文艺家协会副主席、北京师范大学教授、中国起源地智库专家万建中，中国民协中国起源地文化研究中心主任、中国西部研究与发展促进会副会长兼秘书长丁春明，中国民协中国起源地文化研究中心执行主任、中国西促会起源地文化发展研究工作委员会主任、起源地文化传播中心主任、起源地城市规划设计院院长李竞生，中国西部研究与发展促进会办公室主任、中国起源地智库专家冯京平，中国民协中国起源地文化研究中心副主任、中国民协中国建筑与园林艺术委员会秘书长曲云华，中共长子县委常委、宣传部部长申丽光，中共长子县委宣传部副部长杨路，中共长子县委宣传部原副部长申修福，长子县人大常委会原

中国文联民间文艺艺术中心副主任、中国起源地智库专家委员会主任刘德伟主持会议（曹莹 摄）

主任花俊富，太原师范学院教授、中国起源地智库专家李蹊，长子县文联主席李建文，长子县文化旅游局局长张明，全国重点文物保护单位法兴寺、崇庆寺文物管理所所长张宇飞等出席研讨论证会并发言。

课题研讨论证会分别由申报课题单位代表对申报书进行阐述，课题组调研代表发表前期调研工作报告并讲话，课题组专家进行提问、答辩、研讨、签署专家评审意见书等环节组成。

第四章
精卫文化的传承与保护

申报单位代表、中国作家协会会员、中国起源地智库专家、长子县历史文化研究院院长陈小素对中国精卫文化起源地研究课题进行阐述发言
（起源地文化传播中心　供图）

中共长子县委常委、宣传部部长申丽光发言（起源地文化传播中心　供图）

太原师范学院教授、中国起源地智库专家李蹊发言
（起源地文化传播中心　供图）

中共长子县委宣传部副部长杨路发言（起源地文化传播中心　供图）

第四章
精卫文化的传承与保护

课题负责人李竞生介绍课题情况(曹莹 摄)

课题组调研考察代表曲云华发言并总结调研的综合情况(曹莹 摄)

国家文物局原党组副书记、副局长、中国起源地顾问、智库专家张柏表示,精卫文化起源地在文化底蕴深厚的长子,作为中国十大神话传说之一的"精卫填海",数千年来早已成为整个中华民族不屈不挠的精神图腾,并彰显独有的魅力。精卫填海的精神越来越成为长子人民的精神信仰,是长子最鲜明夺目的文化品牌。长子县是精卫文化起源地,应进一步发扬精卫文化精神,期待有更多的精卫文化项目落地长子,弘扬中华文化精神,推动长子社会、经济、文化的全面发展。

国家文物局原党组副书记、副局长、中国起源地顾问、智库专家张柏发言
(曹莹 摄)

第四章
精卫文化的传承与保护

中国民间文艺家协会副主席、北京师范大学教授、中国起源地智库专家万建中认为,精卫填海是著名的上古神话之一,流传深远广泛,其出自《山海经·北山经》,文中所提到的地名"发鸠山"及"西山"均在山西长子县辖区,这是中国精卫文化起源地在长子的有力依据。精卫文化有着大量的文化遗迹,精卫精神是中华民族自强不息精神的集中体现,在实现中华民族伟大复兴中国梦的征程中,正需要精卫精神,因此,打造精卫文化,大力弘扬精卫文化大有可为。

中国民间文艺家协会副主席、北京师范大学教授、中国起源地智库专家万建中发言(曹莹 摄)

中国民协中国起源地文化研究中心主任、中国西部研究与发展促进会副会长兼秘书长丁春明,中国文联民间文艺艺术中心副主任、中国起源地智库专家委员会主任刘德伟,中国民协中国起源地文化研究中心执行主任、起源地文化传播中心主任李竞生等分别在答辩环节进行发言,并结合自身领域针对未来的发展提出大量具有可实施性、建设性、针对性的建议。

中国民协中国起源地文化研究中心主任、中国西部研究与发展促进会副会长兼秘书长丁春明发言(曹莹 摄)

课题组专家对中共长子县委宣传部、长子县历史文化研究院对长子文化、经济社会的发展所做出的努力和贡献给予肯定,对创新创造、传承发展的向前精神表示称赞,对精卫文化发展提出了殷切希望,并结合实地调研、文献史料、发展现状、内容陈述等共同表示:精卫填海的传说在长子县发鸠山一带流传已久,并附有大量的民间歌谣、习俗,在相关史料中必有大量的记载。因此中国精卫文化起源地研究课题是对"精卫文化起源"做系统的学术梳理,从历史、地理、人文、民俗等多学科角度,对精卫文化的起源、发展、演变、流传、传承等进行深入阐释与研究。第一，关于精卫文化的起源，不过度追究其唯一性，开放、包容是精卫文化的重要的精神内核，其意义是汇聚精卫文化力量带动长子县全面发展；第二，精卫文化精神在不断地拓宽、延伸，除去已有的自强不息、不屈不挠的品质之外，还有救助、扶持、济弱等含义，并且不断地注入时代命题；第三，注重精卫文化的传承、弘扬与发展，并与相关地域的研究结合起来，共同促进精卫文化的发展。

最后，本次会议形成了中国精卫文化起源地研究课题研讨论证会评审意见书，全文如下：

2020年10月11日，中共长子县委宣传部、长子县历史文化研究院委托起源地文化传播中心就长子作为中国精卫文化起源地成立专项课题组。2020年12月29日，起源地文化传播中心组织中国民协中国起源地文化研究中心、中国起源地智库专家对《中国精卫文化起源地研究课题》进行了研讨论证评审，课题组专家听取了中国精卫文化起源地研究课题陈述人陈小素的汇报和答辩，经过陈述、答辩、研讨、论证等环节，专家组形成如下评审意见。

《申报书》全面分析了长子县精卫文化的历史和现状，资料详实、结构清晰，发展规划明确，强调了民间文化传承的地域性和科学性。

长子县工作思路清晰，保护和发展措施比较合理、有效。在中国精卫文化的发展和传承上，注重历史史料的发掘，以实地考察调研成果为基础、科学分析为手段，建设效果显著，达到了长子作为精卫文化起源地的基本条件。

长子精卫文化历史悠久，可以得出结论，长子是中国精卫文化起源地，在研究成果的应用与转化上多下功夫，将中国精卫文化起源地落户长子，使之成为长子文化新地标，建立精卫文化"起源馆"，构建精卫文化知识产权体系，展现精卫精神，讲好中国精卫文化故事，让精卫文化从这里走向世界。

课题专家评审组提出了更为具体的保护目标和措施。

四、中国精卫文化起源地研究课题成果发布

2021年1月31日，中国精卫文化起源地研究课题成果在北京发布。

国家文物局原党组副书记、副局长、中国起源地顾问、智库专家张柏，中央文史馆特约研究员、中国民间文艺家协会顾问、中国起源地顾问、智库专家罗杨，中国民间文艺家协会副主席、北京师范大学教授、中国起源地智库专家万建中，中国民协中国起源地文化研究中心主任、中国西部研究与发展促进会副会长兼秘书长丁春明共同发布了中国精卫文化起源地研究课题成果（唐磊　摄）

第四章 精卫文化的传承与保护

中国民协中国起源地文化研究中心执行主任、中国西促会起源地文化发展研究工作委员会主任、起源地文化传播中心主任、起源地城市规划设计院院长李竞生宣读《中国精卫文化起源地研究课题评审意见书》(唐磊 摄)

中国文联民间文艺艺术中心副主任、中国起源地智库专家委员会主任刘德伟，中国离退休干部局副局长、中国起源地智库专家麻振山，故宫博物院研究馆员、中国起源地智库专家李永革，中国民协中国起源地文化研究中心副主任、北京大学国家体育产业研究基地秘书长何文义，中国民协中国建筑与园林艺术委员会秘书长、中国民协中国起源地文化研究中心副主任曲云华，中国民协中国起源地文化研究中心副主任、中共张掖市委宣传部原副部长多红斌，国家文物鉴定委员会委员、中国起源地智库专家刘兰华，中国西部研究与发展促进会办公室主任、中国起源地智库专家冯京平，中国起源地智库专家庄兰英等也出席了发布仪式（唐磊 摄)

中国精卫文化起源地研究课题是中共长子县委宣传部、长子县历史文化研究院于2020年4月向起源地文化传播中心申报的2020年度中国起源地文化研究课题项目。

经起源地文化传播中心组织中国民间文艺家协会中国起源地文化研究中心、中国西促会起源地文化发展研究工作委员会的智库专家进行开题、调研、研讨、梳理、论证等工作，根据课题组专家评审意见，形成中国精卫文化起源地研究课题成果，该课题成果将编辑出版《中国起源地文化志系列丛书》之《中国精卫文化·山西长子卷》，全国发行。中国精卫文化起源地研究课题主要对精卫文化体系构建、精卫精神与新时代发展、精卫文化保护与传承、精卫文化与民间文化、精卫文化创新发展、精卫文化知识产权体系构建、精卫文化脉络梳理及精卫文化未来发展规划进行深入研究。精卫文化是中华优秀传统文化的重要组成部分，是中华民族勤劳和智慧的结晶，凝聚着自强不息、锲而不舍的民族精神，是中国人民世代积淀传承下来的精华部分。中国精卫文化起源地研究课题工作的开展，对于讲好中国故事，增强文化自信，让中国优秀文化走出去具有重要意义。

中国精卫文化起源地研究课题组专家提出了更高的要求和期待，并建议长子县要在中国精卫文化起源地研究课题成果的应用和转化上多下功夫，规划、建设中国精卫文化起源馆，构建长子文化新地标，加大宣传力度，策划实施中国精卫文化节系列活动，创新长子发展业态，打造精卫文化研学基地，构建精卫文化知识产权体系，开展精卫文化知识产权的双百工程，全方位、多角度、深层次凝聚弘扬精卫精神，讲好精卫文化故事。

第四章
精卫文化的传承与保护

中国精卫文化起源地研究课题成果知识产权在中华人民共和国国家版权局登记
（起源地文化传播中心　供图）

第三节　重视人文及生态保护

一、现状评价

长子县目前主要的生态环境问题在于物种结构单一、化学物质对农业生产造成危害、水土流失等。通过对地区生态环境敏感性和生物多样性评价可知，长子县的高敏感区域和极重要区域主要分布在申村水库和鲍家河水库，以及木化石自然保护区的核心区，这些地区应以保护生物多样性、水源

涵养及营养物质保持为主。❶

随着社会经济发展，城市土地整理与利用成为城市建设的核心问题，存活于城市之中的人文景观，其地理区域优势尤为明显，但人文景观建设有时又不得不为经济建设作出让步。伴随着人文景观的减少，见证地区历史的社会结构和生活形态也会随之改变或湮没。人文景观的功能随着城市发展而演变，在发展的过程中，能够带来巨大经济效益的旅游业附属产品，如宾馆、饭店、商店等现代旅游设施在人文景观的周边环境中迅速蔓延，导致商业气息日益浓厚，各地人文景观千篇一律，缺乏地域特色。

二、生态资源保护

长子县境内地势西高东低，西南部山峦叠嶂，中、北、东部辽阔平坦，地貌大致可分为东部平川区、中部丘陵半山区、西部和西北部山区，三种地貌类型分别占到县域土地面积的32.03%、34.74%和33.23%。平川区地势平坦，土层深厚，土地肥沃，地下水位浅，排灌条件良好，是很好的粮油生产基地。丘陵区内沟壑交错，地块破碎，土层较深，多为荒山或石山土谷，是发展果桑杂粮的主要基地，南部丘陵区矿产资源丰富，储量大、埋层浅、易开采。山区内山峰高耸，岩石裸露，沟深坡陡，山区处于各河流的上游，水资源较多但难以利用，天然植被覆盖率较高，是发展林牧业的重要区域。

---

❶ 任鑫.长子县生态功能区划研究［D］.太原：太原理工大学，2012.

长子县横跨黄河、海河两大流域，水资源丰富，人均占有水量略高于全省的平均水平。就地表水来说，以发鸠山主峰方山为界，东属海河水系，西属黄河水系，全县有申村水库和鲍家河水库两座中型水库，境内有以熬泉水为代表的多处天然优质矿泉水。

地处北温带季风区域内的长子属于暖温带半湿润大陆性季风气候，受冷暖空气势力交替影响，四季分明，季风强盛，气候温和，雨热同季。全县光能资源较为丰富，日照充足，日照时数达2556.5小时。年降水量669.5mm，降水多集中在7、8、9月；年蒸发量1695.6mm，其中5、6月蒸发量最大，全年蒸发量是降水量的2.5倍；年相对湿度平均为65%。

独特的自然环境在增加城市建设的难度与费用的同时，也为长子地区发展创造个性化的城市形态提供了有利的条件，奠定了城市特色形成的基础。优良的生态资源景观与良好的地理环境，孕育了城市丰厚的地方物产，衍生出独特的社会传统文化习俗。

三、人文景观资源保护

人文景观资源是一种不可再生资源，具有历史性、文化性、旅游吸引力，是与人的生产活动密切相关的，能够体现人在某一特定时期与社会环境相互交互的景观，是人在自然界的科技、文化、历史和社会的概括。从时间上看，人文景观可分为历史人文景观和现代人文景观；从表现形式上看，可以分为物质和非物质人文景观。据有关人员统计，长子县在传统文化旅游资源方面，境内有不可移动文物891处，其中元代以前木结构建筑36处，远超本地区各县区之上；非物质文化遗产、神话故事、潞商民居等传统地域文化内涵丰富。其次，以上党战役主战场之一"北高庙"为核心的红色文化旅游资源，与"一园"（仙翁山树化石国家地质公园）、"两湖"（精卫湖、皇明湖）、"三山"（发鸠山、羊头山、仙翁山）为重点的绿色山水资源也在本地区旅游资源中占有重要的地位。再次，以"方兴现代农业科技园区"为首的现代观光农业方兴未艾，开始进入文化旅游行列。最后，以"特高压""康宝药业"等工业园为景点的现代新型工业也吸引着大量好奇的游客。❶

作为人们触摸历史的纽带，在人文景观保护与传承的过程中要善于从民众出发，集民意之思，以民生为本，倾听不同的声音，把人文景观的保护与更新工作变成一项发自民众而又服务民众的声音。注重人文景观保护的整体性，不能从它的生存环境和成长背景中割裂出来。最大可能地保留原有信息，尽可能多地保护好传统文化与历史建筑，以修缮和改造为主，使其保持或尽量接近历史原型。

人文景观是城市悠久文明的积淀，也是城市发展的后续动力，不同的人文景观造就不同的城市精神，从而引导城市塑造出与历史人文趋同的又具有高辨识度的城市形象。人文景观是地方原住居民的历史和身份的精神记忆，也是城市的记忆，对历史的敬仰、对文化品格的执守，都将在人文景观中体现并传承。

---

❶ 张宇飞.文化旅游看长子[J].山西档案，2013（2）：17-22.

第五章 精卫文化的创新发展

精卫文化历久弥新，在曲折的历史发展中，即使历经灾异，也未曾中断，甚至不断被文人墨客赋予新的民族精神。新时代背景下，精卫文化的创新发展离不开文化的交流与融合，公众出于文化认同和民族身份，前去游览参观自然风光或文化遗迹，在旅游的过程中，进一步增强民族自豪感和自信心，使得民族文化传播力度增强。

在新时代的背景下，要推动精卫文化创造性转化、创新性发展，就要恢复精卫祭祀大典，规划策划建设中国精卫文化起源馆，进行精卫文化知识产权保护，打造全国性的精卫文化研学基地，打造精卫文旅小镇，打造精卫印象，策划举办中国精卫文化节和精卫文化起源地研讨会等系列活动，以实际行动坚定文化自信，推动精卫文化创新发展。

文化交流、文化互通是"一带一路"倡议下实现地区民心相通的必然条件和必经之路，精卫文化旅游资源的整合与打造精卫文化旅游品牌有利于弘扬民族精神,满足广大群众的精神文化需求,从而增强民族文化自信,提高国家文化软实力。

第一节 丰富精卫文化推广形式

一、书画作品

在天津站进站大厅的穹顶上有一幅直径40米、高21米,中间由10根石柱围成的600平方米的圆拱形穹顶油画《精卫填海》。在画面的构图上,油画作者秦征突破西洋油画的透视原理,让海、天、云、鸟与众多女神的后代沿着

天津站进站大厅圆拱形穹顶油画《精卫填海》(李将颐 摄)

一个圆形宇宙飞旋,创造出一个虚实相同、人神合一的空灵飘渺的神话世界。天津地区曾为黄河故道、退海之地,历经沧海桑田的演变,相传天津之地,便是由精卫填海而得来的地方。

中国当代画家吴玉阳也于 2006 年创作完成了一幅纸本工笔画巨制《精卫填海》,该画长 235 厘米、宽 127 厘米,借鉴了油画和水彩的绘画技巧,以西方天使式人体的形式表现出东方远古时期的神话传说。

据长子县政府工作规划,2022 年在精卫文化为主题的全国性诗歌文化节的基础上,还将进行同主题的书画作品展览,相信这些活动的举办将进一步激发创作者的热情,创作出优秀的书画作品。

二、音乐作品

古往今来,神话传说中包含着远古祖先们的生活智慧,文人墨客也留下了诸多经典佳句,影响着一代代的中华儿女。精卫作为中华民族一个耀眼的神话原型,承载着多种精神内涵与文化标签。在音乐平台上搜索"精卫填海"的关键词,可以发现几首相关的音乐作品,这些音乐作品或是以"不泯灭灵魂百折不回"为立意,演唱宏大悠长;或是创作、诠释出精卫与海神凄美无悔的爱情故事,演唱缠绵悱恻;或是赞叹"正气永远激荡天地之间",演唱正气凛然。但不能否认,这几首歌曲的受众较小,对精卫文化的推广传播存在一定的局限性。

习近平总书记强调:"做好新形势下的宣传思想工作,

必须自觉承担起举旗帜、聚民心、育新人、兴文化、展形象的使命任务。……兴文化，就是要坚持中国特色社会主义文化发展道路，推动中华优秀传统文化创造性转化、创新性发展……""中华优秀传统文化是中华民族的文化根脉，其蕴含的思想观念、人文精神、道德规范，不仅是我们中国人思想和精神的内核，对解决人类问题也有重要价值。要把优秀传统文化的精神标识提炼出来、展示出来，把优秀传统文化中具有当代价值、世界意义的文化精髓提炼出来、展示出来。"❶和诗以歌，歌以咏志。越来越多的地方开始寻找与地域文化特色相关的代表性古诗词，以弘扬地方文化、宣传推介城市，擦亮城市文化名片。而作为精卫文化的起源地，长子县有着得天独厚的优势，在中国文学史中，与精卫相关的诗词作品不可胜数，其中不乏耳熟能详的名篇佳作，如陶渊明《读山海经》："精卫衔微木，将以填沧海。刑天舞干戚，猛志固常在。同物既无虑，化去不复悔。徒设在昔心，良辰讵可待！"又如王安石《精卫》："帝子衔冤久未平，区区微意欲何成？情知木石无云补，待见桑田几变更。"长子县可以以这些古诗词作品为基础，以现代歌曲重新编配、创作等多种手法对优秀古诗词文化进行"二度创作"。

将传统的经典诗词与现代流行音乐元素相融合，在注重表现时代特色的前提下，深层发掘传统文化的内涵，讲述文化知识，阐释人文价值，解读思想观念，为现代作品追本溯源，进一步树立文化自信，用音乐的外壳展现文化的内核，用流行的音符唤醒精卫文化的生命力乃至生长力。古人讲求

---

❶ 习近平.在全国宣传思想工作会议上的讲话［N］.新华社，2018-08-22.

文以载道，而陶、王二人又都在宦海中跌宕沉浮，诗作中饱含着他们对人生百味的思索，寄托着他们的情感与志向。陶渊明在作品中表现出的是只要志向尚存，便决不放弃的豪情万丈，而其中反抗精神的悲剧化又使得作品悲犹且壮。王安石则通过作品流露出不屈的信念与斗志。因此，长子县在选定音乐与作品时，要努力通过演唱叙述故事，展现对人生的感慨和对美好生活的憧憬，将时代的发展、历史的进步转化为切身体验，融入歌曲的字里行间。通过大力推介，让听众从中找到情感的慰藉，以及对生命的观照，让音乐作品不仅在长子地区流传，更要成为精卫文化作品的代表之一。

三、影视作品

精卫填海的故事传播广泛、影响深远。2005 年由梁国冠、羽笛导演，舒畅、李解主演的古装神话剧《精卫填海》播出，该剧以精卫、后羿拯救炎帝，帮助人类、化解灾难、消灭邪魔、拯救人间的故事情节为主题，讲述了人间真情和天界正义、人神友情的悲壮故事。2007 年由北京动漫乐园电视传媒有限公司、山西省动画艺术协会承制的动画片《精卫填海》在中央电视台少儿频道播出，该片以"精卫填海"为蓝本，讲述了精卫为了阻止灾难，与邪恶势力作斗争的故事，揭示了正义必将战胜邪恶这一亘古不变的人类主题。可以说，精卫文化已在影视作品中被演绎创造得淋漓尽致。现如今，更应该借助精卫文化来达到宣传长子县，扩大知名度的目的。

旅游业对于经济发展的重要意义已不必赘述，通过策

划并制作旅游宣传片能够将地方旅游资源加以充分发掘、包装和推介。特别是随着各类短视频平台的兴起，通过诗意和唯美的手段，往往能够激发观众的审美兴趣，诱导观众寻找"诗和远方"的探索欲望。可以说，无论是古老村落还是现代都市，无论是东部海滨还是西部边塞，无论是深山峡谷还是平湖秋月，各种旅游景观通过旅游宣传片的呈现，对观众产生了巨大的诱导作用。而长子县因为拥有独一无二的精卫文化，同时也是炎帝文化发祥地之一，可以将神话传说与旅游景观相结合，双管齐下，在制作全方位展现地区人文风景的旅游宣传片的同时，也可以拍摄微电影等类型的短视频宣传片。

  这类微电影、短视频在内容设计中，要不断强化短片内容结构对目的地功能要素的整合利用和融合表现；在剧本创意上，则要尝试在目的地独特元素与受众个体情感之间建立联系；在制作过程中，要重视借助各类社交媒体与受众群体积极互动。❶ 简而言之，在长子县短视频宣传片的拍摄过程中要将精卫填海、民间习俗等"文脉属性"与优美自然风光的"地脉属性"有机融合，注意视频的戏剧性以及视频中空镜的运用。这些举措不仅能够增强游客与潜在游客对目的地的了解认知、支持信任，还能够唤起受众游客与潜在游客对该目的地的积极情感，从而指向一种更富于服务价值和市场吸引力的旅游目的地形象。

  目前长子县已经开始着手包括灵湫庙在内的多处文物

---

❶ 程德年.微电影与宣传片：旅游形象视频表征内容分析与结构研究[J].旅游学刊，2015（10）：109-121.

古迹的修缮保护工作，因此在拍摄长子县旅游宣传片的同时，也可以利用这一特殊时期，拍摄具有"平民视角"的纪录片。

以修缮灵湫庙为例，这类纪录片可以从百姓的生活视角和审美趣味出发，贴近生活、贴近市井，通过对当地村民的采访来叙述"精卫填海"的神话传说，讲述灵湫庙的演变故事，不仅有利于所拍摄的纪录片符合百姓的审美趣味，也有助于口耳相传资料的保存。通过对文物修复过程的记录和文物修复专家的真实讲述，呈现修缮过程中生活化、日常化的一面，"我们眼中的神秘，正是他们眼中的日常"，让观众觉得他们可亲、可爱、可感。

习近平总书记在文艺工作座谈会上的讲话中指出："人民的需要是文艺存在的根本价值所在。能不能搞出优秀作品，最根本的决定于是否能为人民抒写、为人民抒情、为人民抒怀。一切轰动当时、传之后世的文艺作品，反映的都是时代要求和人民心声。"❶纪录片用通俗易懂的方式来刻画日常生活背后所蕴涵的朴素哲理和普遍人性，拉近了屏幕前后人们的心理距离。平民化的视角，能够诠释现代社会长子地区的匠人精神，展现出隐含其中看不见的悠久历史和文化传统，也能够传递普通人物的情感，表达长子人民积极阳光、勤劳勇敢、热爱坚守的气质与对美好生活的追求，使得观众的代入感增强，获得观众情感上的共鸣。

---

❶ 习近平.在文艺工作座谈会上的讲话［N］.人民日报，2015-10-15.

四、文创产品

文创产品可以与文学作品、影视作品等形成联动。例如，若是在影视作品中介绍灵湫庙内塑像修复，便可以同步开发小程序，将文物数字化，让人们可以结合自己的喜好，为雕塑上色，形成自己的设计，通过电商服务，制作并邮寄这些作品，让活动参与者拥有独一无二的人物摆件装饰品。

根雕作品：精卫填海（长子县历史文化研究院 供图）

文创产品的重点在于形成代表性符号，如故宫娃娃系列，无论是皇帝、格格等人物造型，还是御猫、瑞兽等动物造型，都具有鲜明特色，深受人们欢迎。卡通形象是对形象特征的准确再现，也是对形象特征的拟人化。目前将卡通形象运用到旅游产业的发展中全球盛行，国内开始出现一定数量和规模的具有卡通形象的文创产品店。这类卡通形象创造往往具有鲜明的特征、精益求精的细节、凸显的表情和丰富的信息。鉴于此，长子县也可以顺应时代的发展方向，设计出独特的、可爱的、亲和的精卫卡通形象。

一般来说，这类作品可以以古代神话传说中的"精卫鸟"作为主体，加入拟人化的形象设计，以精卫独特个性为切入点，打造地域 IP 设计。将精卫所蕴含的历史文化、自身特征与当下网络热潮中的表情包设计以及系列化套装设计相结合，彰显传统艺术与价值魅力，切实让文物"活"起来，走向大众心头，打造地域性传统文化的"金色名片"，为长子县旅游市场树立良好的品牌形象，推动地区旅游业的发展和升级。

在设计出精卫卡通形象后，可以赋予其姓名、别名、性别、出生地、性格、标签等内容，用简洁明了的文字，生动、全方位地展现出精卫形象。除基本的精卫形象设计外，还可以结合中国传统文化及地域特色设计不同系列的卡通形象，如四季系列、节气系列等。在这些系列作品中，精卫的卡通形象可以身穿不同服饰、处于不同场景、拥有喜怒哀乐的表情、做出丰富多彩的动作，精卫形象的每一处元素都可以与长子地方文化特色相结合，比如或手拿长子响铜乐器，或怀抱丰收的长子青椒，或品尝长子特色小吃等，同时也可将卡通形象所处的背景设计为长子地区的各处景点。要努力让精卫的卡通形象频繁出现在长子旅游的衣、食、住、行中，加深当地居民与外地游客对其的依赖度、识别度、记忆度和关注度。如此便可以衍生制作出含有精卫卡通形象的文创产品，如印有长子简介、相关诗句的明信片，拥有传统手工艺的背包产品，深受儿童和女性喜爱的毛绒玩具等。将具有卡通形象的旅游纪念品作为长子县文化输出的一部分，逐渐向品牌化和规模化的方向发展。

第二节 整合精卫文化旅游资源

一、人文景色

在发鸠山东麓，漳河源头，自古建有精卫祠，亦称泉神庙，庙宇宏大壮丽。北宋政和元年（1111）因祷雨有应，知县王大定请赐额，宋徽宗亲赐庙名为"灵湫庙"。灵湫庙内主祀精卫女娃，殿门楹联云：女娃理水南经北纬汇集神泉山灵湫；漳源泻碧西流东注灌溉上党万顷田。邑中古八景之一的"漳源泻碧"即源于此。根据《山海经》记载以及灵湫庙内遗存的碑刻和民间传说可知，发鸠山不仅是精卫填海故事的起源地，而且是始祖炎帝曾经居住的地方，因此大殿的主像女娃旁，还塑有炎帝之妻和炎帝大女儿瑶姬的祀像，长子地方的居民也将灵湫庙称为奶奶庙或三圣公主庙。灵湫庙在每年的三月十八日和七月十八日为公祭日，影响十分广泛，

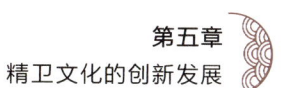

陕西、河南、北京、山东、江苏、湖南、湖北等地的人们也会在此捐修刻碑纪念。在前期调研走访的过程中，长子县的老人们也为我们讲述了关于灵湫庙的故事。

长子县灵湫庙（唐磊　摄）

据长子县李家庄的李福荣老人（88岁）讲述："灵湫庙建于唐之前，明洪武十七年重修过。这里风水好，过去庙会规模很大，漳河源头在这里。各地都有人来取水。灵湫庙供奉的是精卫，后来在历代传播中被附会成了奶奶庙。大概是长治县离得近，希望奶奶护佑，慢慢演变成了今天的亲戚关系。在长治县那里也管它叫老姑庙。"想来长治县及附近一带的人们，始终将炎帝神农氏当作自己的嫡亲始祖，把他的女儿女娃当作直系亲属中的女子看待，按照华夏族群的亲属关系论，从父系这个角度看，弟兄的姊妹，那自然是称姑姑了。晚辈人对老辈子尤其是远代的姑姑，自然称呼为"老姑"。这个民间传说，是上党为炎帝神农氏老家又一旁证。

村民口述精卫的传说（长子县历史文化研究院　供图）

向阳沟村李建才老人（71岁）也有相关的讲述，不过在他的讲述中三圣公主庙更接地气："三月十八灵湫庙里有奶奶庙会，庙中三圣公主是结拜三姐妹，大奶奶娘家在长治县看寺，二奶奶娘家在长治县西寺头村，三奶奶娘家在长治县店上村，三人看灵湫庙是风水宝地便争着来庙中修行。大奶奶骑马，中途罗裙被荆棘挂破，坐下来修补罗裙。二奶奶骑骡，中途骡子生驹，被耽搁。三奶奶骑驴，走得虽慢，但一路顺利，所以第一个到达，坐在了灵湫庙的中位。所以，中间的三奶奶塑像笑脸盈盈，左右的大奶奶和二奶奶却一脸不高兴。三奶奶双手各托一只白鸠，后来只剩一只，另一只飞去了沟口村。"

房头村的吕满金老人（69岁）说："三奶奶的娘家在长治县，嫁到房头村后，婆婆常常虐待她，给她制了一副尖底水桶让她担水，中途不得休息。一天，太白金星牵着毛驴路过，正好碰上担水的三奶奶。驴要喝水，三奶奶说桶底是尖底，放不下。太白金星指了指前面的地，地上立马出现俩坑，三奶奶把桶搁到坑上，驴很快就喝完了。三奶奶要回山上担水，太白金星把手上的鞭子交给了她，告诉她，把鞭子放进桶里，一提，水就来了，以后就不用再担水了。三奶奶一试，果然灵验。回到家，三奶奶把鞭子放进水缸，一提，水便满了。三月十八这天，三奶奶急着回娘家，提上来的鞭子就留在缸沿上，三奶奶走后，婆婆看见了缸沿上的鞭子，很是恼火，拿起鞭子就要扔掉，谁知道，水随着鞭子不断地流，屋子、院子、村子里到处都是水。婆婆吓坏了，急忙派人去叫三奶奶。三奶奶回来一看，情急之下一屁股坐在水缸上，水就不流了。三奶奶也一动不动，坐化成仙了。后来便建了灵湫庙，里边供着三奶奶，天旱时，各地都有人来求雨，很是灵验。"

村民口述灵湫庙三月十八的祭祀活动（长子县历史文化研究院 供图）

房头村（唐磊 摄）

房头村的村民赵彩玲说:"三月十八这天,有未满十五岁的孩子的人家,都要拔一棵带根的谷草,用剪成条状的五色纸缠绕。折成三角架,戴在孩子的脖子上。庙会过后,把蒸好的麻糖连戴过的三角架一起扔到房上,以图吉利。"

关于灵湫庙的传说多种多样,其中都寄托着当地人的生活愿景和对精卫文化的发扬传承。在灵湫庙旁有四星池,这里泉水四季喷涌,甘甜清澈,即使在寒冬腊月树木凋零之时,池底也依然碧草如丝、青翠欲滴,池面水汽蒸腾。庙周围还有摩天塔、鸡鸣桥、上天梯、南天门、仙人睡石等古迹景点。灵湫庙内另一处引人关注的景观是宋代以来所刻的大量祈雨碑,这些碑刻文笔优美、刻工精巧,不仅体现着长子人民将精卫看作凡事皆可祈祷的神灵,同时还展现着长子县悠久深厚的历史底蕴。

灵湫庙里宋政和二年的石碑(长子县历史文化研究院　供图)

正如前文所述,精卫作为炎帝最小的女儿,在长子县的文化中占有重要的地位,长子县也是炎帝文明的发祥地之一,而长子境内的羊头山上也有着诸多与炎帝及其家人有关的历史遗迹。朱载堉在《羊头山新记》中详细叙述了炎帝与羊头山:"羊头山在今山西之南境,泽、潞二郡交界,高平、长子、长治三邑之间……其巅有石,状若羊头,觑向东南,高阔皆六尺,长八尺余。山以此石得名焉……西北连接大坪,周四百六十步,上有古城遗址,谓之'神农城'。"相传炎帝在此居住。"城下六十步有二泉,相去十余步。左泉白,右泉清。泉侧有井,所谓'神农井'也。二泉南流二十步相合而南。"神农在得到嘉谷之后,开始教民众稼穑播种的五谷畦遗址遗迹也在此地,五谷畦是我国原始农业的第一块试验田。据传说炎帝首创蜡祭与傩舞,在羊头山顶峰与秦高岭之间的山凹处,有一座祭天台的遗址,这可能是我国最早祭天的地方。神农城曾建有祭祀炎帝的庙宇,此庙大约始建于汉代,但现在已经难寻这处遗迹了。神农城内西南部还有一座庙宇,建庙的年代不详,院内建有五间正殿,殿中塑神农及后妃、太子像,"皆冠冕若王者之服"。现在人们所说的"前檐滴高平,后檐滴长子",即是指此殿而言。在北魏时期,羊头山是佛教活动的重要场所,除在神农城筑庙祭祀炎帝外,又在羊头山东面的秦高岭山顶建了一座四面造像塔,唯有塔的基座雕成伏羊,头为绵羊头,向南有两角,虽历经千年风雨侵蚀,至今仍然头尾清晰可辨,这种以羊头为基座的造像塔在全国极为罕见。

炎帝在羊头山尝百草之滋味以治病,如今长子县境内的中药材产业发展迅猛;遴选良种,蓄养牲畜;创制耒耜,制

第五章
精卫文化的创新发展

发鸠山上遗址（唐磊 摄）

作陶器，在长子县境内北高庙等地出土的陶鬲、陶瓮等都具有极高的历史价值。在这里，炎帝发展农业生产，造福于人民，开创了我国原始社会的农耕文明，而羊头山上的诸多文物古迹也有助于人们更好了解神农文化与道教文化。

长子县陶鬲坛（长子县历史文化研究院　供图）

二、自然风光

发鸠山位于长子县城西约25公里处，由三座主峰组成，奇峭的山峰逐次排列，像三尊傲立苍穹的巨人，蜿蜒南北，雄伟壮观，山头雾罩云腾，翠奔绿涌，颇有仙境气势。方山峰是发鸠山的主峰。这里峰峦叠起，怪石嶙峋，云涛雾海，景色奇特。峰顶是一块面积不大的平地，古人曾在这里修筑庙宇。主峰稍南有一避风台，据说这里任何时候都无一丝一

第五章
精卫文化的创新发展

缕的风息。山顶有石洞，名金星洞。洞口有石山，石岩层层叠叠，非常壮观。金星洞的右下方有"起云洞"，早晨或傍晚，常有彩云涌出，因此也称"彩云洞"。山上还有南崖宫、真武庙、跑马坪和拴虎石等许多名胜景观。其中，南崖宫立于悬崖峭壁之上，依岩筑室，是一处石洞宫殿式道教建筑，洞殿之间以石阶上下相连，造型精巧而不失宏伟，建筑风格独具特色。发鸠山东山脚下有清泉，是浊漳河主要源头。古时源头建有"泉神庙"，后改为灵湫庙，庙宇宏大，造型别致。发鸠山脚下有一景观称"漳源泻碧"，浊漳河河水从山脚下流出，一片碧绿，湍流直泻，西流东往。当游人夜宿灵湫庙，静夜时能听到山下汩汩泉水的响声，妙不可言。

特别值得一提的是，处于发鸠山山脉上的仙翁山，有着极为罕见珍贵的树化石。仙翁山树化石森林公园总面积达2047公顷，该保护区内分布有树化石群7处，现露出树化石

发鸠山上避风台（长子县人民政府网站　供图，胡孝清　摄）

90余棵,未露出的树化石正待探测,其中最长的达14米,最粗的直径有1.24米;最小的长4米,直径0.34米。其分布范围之广,埋藏面积之大,蕴藏量之多,种类之齐全,原始状态保存之完好,在全世界都是难得一见的。美国黄石公园的树化石分布在山顶的茂密针叶林中,游客只能远观,无法近距离接触,而长子的树化石,则可以让人跨越时空,身临其境,进行零距离接触。树化石的形成需要极其苛刻的地质条件,树木因某种突发事件瞬间埋在与地下水层相对合适的位置,再与岩浆中的二氧化锶晶体作用才有可能形成硅化木,因此树化石非常珍贵。长子树化石的发现对于探讨古地质、古气候的变迁具有重要现实意义,是一处极难得的研究树化石之谜的实物资料宝库,也是世界上重要的自然科学文化遗产。

仙翁山树化石森林公园(长子县人民政府网站　供图)

第五章 精卫文化的创新发展

不过发鸠山最为人所熟知的,依然要数这里的神话传说。上文已经提及《山海经》中记载:"又北二百里,曰发鸠之山,其上多柘木。有鸟焉,其状如乌,文首、白喙、赤足,名曰精卫,其鸣自詨。"发鸠山对于精卫文化有着不可替代的作用与地位。同时,也有百姓认为发鸠山就是上古时期共工怒触不周山的"不周山"。《山海经》中也有着关于不周山的记载与描写:"西北海之外,大荒之隅,有山而不合,名曰不周。"据说上古时期,共工和颛顼争夺帝位,共工发怒后头触"不周山"使得"天柱折,地维绝,天倾西北,故日月星辰移焉;地不满东南,故水潦尘埃归焉"。而后女娲炼石补天。正因为在发鸠山上有着丰富而悠久的历史传说,使得人们喜爱发鸠山、探寻发鸠山。

发鸠山景色(长子县人民政府网站 供图)

发鸠山秋色（唐磊　摄）

精卫湖位于发鸠山东麓，相传精卫填海的故事就发生在这里。远古时期发鸠山东麓的上党盆地，是一片泽国，精卫填海后只剩下了涓涓细流，1958年重新筑坝修建水库后才使这里又变成了碧波万顷的精卫湖。精卫湖属海河流域，漳卫南运河水系浊漳河南源干流最上游的一座集防洪、灌溉、供水等综合利用为一体的中型水库，是长子县重要的水源地，也是长治市主要的备用水源之一。

2014年12月16日，国家林业局批准建设山西长子精卫湖国家湿地公园（试点）。2019年12月25日，山西长子精卫湖国家湿地公园（试点）通过国家林业和草原局试点验收，正式成为国家湿地公园。

精卫湖国家湿地公园位于长子县西南7.5公里，公园面积358.96公顷，湿地面积298.31公顷，湿地率83.1%，其中包括水库、河流、滩涂、草木沼泽等多种类型湿地。根据湿地资源特点和分布情况，公园内共有湿地保育区、恢复重建区、宣教展示区、合理利用区以及管理服务区五个部分。湿地保育区面积254.69公顷，占湿地公园面积的70.95%，包括精卫湖和永久性河流，是湿地公园重要生态机制与水源调节的区域，重点保护重要水源地湿地生态系统和生物多样性，构建较为完整的连续生态廊道，同时也是湿地公园重要的景观载体。恢复重建区面积53.89公顷，占湿地公园总面积的15.01%，包括城阳河、晋义河和岳阳河两岸，以及精卫湖靠近申村的沿岸地带，是开展湿地恢复和重建湿地生态系统的示范区，也是开展湿地植被、野生动物栖息地恢复的核心区域。宣教展示区面积8.55公顷，占湿地公园总面积的2.38%，包括公园中季节性河流和草本沼泽，是湿地公园开展湿地科学知识宣传普及的主要场所。合理利用区和管理服务区面积共41.83公顷，占湿地公园总面积的11.66%，包括田园休闲区和湖州畅游区，以科学利用湿地资源，开展宜居生态环境建设为目标，通过合理配置相关基础设施设备，开展湿地旅游和游憩体验。

  精卫湖国家湿地公园拥有湿地植物50科95属150种，记录有湿地野生动物98种，其中哺乳类5目8科13种、鸟类13目24科64种、两栖爬行类3目6科11种、鱼类1目2科10种，有国家Ⅰ级保护鸟类黑鹳，国家Ⅱ级保护鸟类普通鵟、乌雕、百尾鹞、苍鹰、雀鹰和鸢等。近年来，随着湿地的保护与修复，地方生态环境的不断优化改善，使得湿地鸟类栖息地也得到了有效恢复，为鸟类的栖息繁殖创造了良好的环境，每年都会吸引黑鹳、大天鹅等珍稀野生鸟类来此栖息。当然，精卫湖不仅仅是长子县自然风光的代表，同时也因其承载着精卫填海的神话传说，成为民族特征与文化的象征，是塑造民族形象、弘扬民族自豪感的重要载体。

长子县精卫湖国家湿地公园风光（长子县历史文化研究院 供图）

上党地区有着"上党自古天下脊"的说法，而"天脊之水"便是浊漳河了。浊漳河全长221公里，是上党境内最大的河流，在山西省境内流经12个县市区，流域面积11741平方公里，占长治市总面积的72.2%。明代诗人谢榛曾在诗句中写道："行经百度水，只是一漳河。不畏奔腾急，其如转折多。"上党盆地溪涧河流众多，流向不一，但最终绝大多数都流入浊漳河。浊漳河上游呈现扇形水系，共有三个源头：南源、西源和北源，而南源便出于长子县的发鸠山。浊漳河南源流域内有着众多自然和古文化遗址、石器时代遗址等，同时因为良好的地理与水文环境，法兴寺、崇庆寺等古

第五章
精卫文化的创新发展

灵湫庙"漳水出焉"石碑(长子县历史文化研究院 供图)

建筑也保存良好。在以发鸠山、精卫湖、浊漳河等为主的自然风光，使得长子地区能够形成一条风景优美、生态环境良好，又蕴含浓郁神话色彩的自然生态旅游路线。

三、旅游商品

长子县农业经济较为发达，土特产较为丰富，是我国著名的绿色农业生态区，我国优质农产品的重要生产基地。青椒、小米、花椒、连翘、党参等产量位居全国前列，这些长子县的主要农产品也成为游客旅游结束后可以选购的特产。

长子县被誉为"中国青椒之乡"，青椒种植历史悠久。中华人民共和国成立后，长子青椒在继承传统种植的基础上，引用现代科学技术，不断改进栽培工艺，品种质量进一步提高。其中含有多种微量元素，营养丰富，据科学鉴定：每 100 克青椒含维生素 C 0.037%，胡萝卜素 0.011%，矿物质 0.034%，碳水化合物 0.0018% 和蛋白质等人体所必需的营养元素。

因为长子青椒个大肉厚、色泽鲜艳、清脆味美、耐藏易运，生吃可当水果，烹、炒、煎、炸、煮、蒸、拌馅、腌渍食之，香美可口，加工成青椒酱可常年尝鲜。2008 年 8 月 22 日，中华人民共和国农业部正式批准对"长子大青椒"实施农产品地理标志登记保护。长子大青椒是长子县经济发展和农民增收的主导产业之一，青椒产业不仅是长子充满生机和活力的一个新产业，也成为展示长子特色和魅力的一张亮丽名片。

长子大青椒（长子县人民政府网站　供图）

"石门沟"小米生长于长子县碾张乡石门沟村，这里海拔1000余米，属红土地板块，光照充足，昼夜温差大。"石门沟"小米的品种特殊性在于择土性强，只适宜在长子县石门沟附近生长，如果把其引植到其他地方，不到一年该品种就会完全退化，生长不出理想的谷物。正是由于其特殊的地理、气候与环境因素，生长出来的"石门沟"小米色泽金黄，口感香甜。清康熙帝曾赐封为皇贡米，因此"石门沟"小米也叫"康熙皇贡米"。

"石门沟"小米采用最原始的石碾加工，这样小米中所含的维生素和微量元素不会被破坏，其营养价值高于其他同类品种的小米。在长子地区，妇女生产后要喝用"石门沟"小米做成的稀饭卧鸡蛋，用来滋补产后的虚弱。"石门沟"小米滋阴，是碱性谷类，身体有酸痛或胃酸不调者可经常食用，可以防止反胃、呕吐，具有防治消化不良的功效。"石门沟"小米不仅对高血压、皮肤病、炎症有一定的预防和抑制作用，更具有养颜的功能。因此，可以毫不夸张地说"石门沟"小米是绿色的、无污染的、环保的健康食品。近年来，"石门沟"小米借用精卫形象，以"精卫鸟"为品牌名称，逐渐成为被全国人民所认可的山西特产之一。

除了长子县的土特产以外，这里也有着包括麦秆画、长子根雕、潞州麻绳等为代表的非遗传承制作工艺，这些工

长子县"精卫鸟"石门沟小米（长子县人民政府网站　供图）

艺品是组成长子旅游纪念品的重要内容。旅游纪念品不仅是游客对旅游景点历史人文背景、民俗文化的美好回忆，也是地域文化的有效传播者。在国家鼓励文化创意产品的大背景下，有着丰富旅游资源的长子县更应该主动研究具有长子地方文化特色的旅游商品，提高旅游产品档次，带动旅游市场繁荣，这对于推广长子县的形象有着重要的意义。

第五章
精卫文化的创新发展

长子县地处山西省东南部,上党盆地西南侧。北周时,上党地区出产的麻始称潞麻,长子县是潞麻的主要生产区之一。千百年来,麻衣、麻纸、麻绳与人们的生活息息相关。据《潞安府志》记载,唐朝前后当地农民"勤农织之事,业寡桑柘,而富麻苎"。潞麻生产行销海内外,被誉为"一熟天下贱"。在过去,麻绳是农民生产生活的必需品,百姓捆绑、背运、拉车、拉磨、拉碾都需要麻绳。潞麻绳制作需要经整麻皮、纺胚、合绳、磨绳、打捆等5道主要工序,工艺技术虽没有其他行业技术含量高、保密程度严,但也有其严格的程序,要通过多年的经验总结以及高人传授才能技术过关。如今,长子县的手工艺者开拓了潞麻绳的新用途,将其制作成一些日用品,如潞麻鞋底、潞麻坐垫、潞麻花篮等,还能根据人们的需要,制作各种手工艺品和室内装饰品。

潞麻绳制作的潞麻鞋底、坐垫等日用品(长子政务通微信公众号 供图)

根雕艺术始于战国时代，距今已有2300年历史，明清时期是根雕鼎盛时期。长子根雕始于何时，已无据可考，不过根据长子县根雕工艺师的传承与回忆，有记忆的长子根雕可追溯至清代中晚期。根雕创作的构思，必须着眼于最大限度地保护自然之形，自然之美，而一切人为艺术的再创造的痕迹应该隐藏于自然之美中。构思中应对根材作多角度的全面观察，反复揣摩后历经脱脂处理、去皮清洗、脱水干燥、定型、精加工、配淬、着色上漆等八个步骤方能定型。

长子根雕因追求"因材施艺，借势塑形、大工朴拙，民间画风，倡导差异，注重个性，突出根材，巧补不足"的风格，使得创作劳动耗时长，从选材、审根、造型、构思到创作、命名，一件成功的作品需耗时一年半载，甚至更长时间方可完成。因此，根雕作品造价昂贵，再加之人们的根祖崇

长子根雕制作现场（长子县人民政府网站　供图）

拜意识而造成的神秘感，使长子根雕成为一门兴于民间、盛于贵族的手工艺术。一般民间所有的根雕作品则是与生活有关的简单用品，如拐杖、抓背、烟斗（烟袋）、根座椅等，借此沾染一些根的灵性和灵气，这些小型或简单的根雕作品也能够成为游客来长子旅游后所选购的工艺产品。

  麦秆画是民间纯手工艺技术，已有千年历史，它充分利用天然麦秆的自然光泽和材质，加入美术绘画专业方面的构思和设计，将现代美术思想和绘画技法融入麦秆画制作的关键步骤中。每一幅作品的完成要经历割、漂、刮、碾、烫、熏等多道工序，制作精细而烦琐，过程漫长而艰辛，对制作者的耐心、毅力以及审美能力等都是一种考验。据考证小麦先是由西亚传入到中国的西部地区。《穆天子传》中记述周穆王西游时，新疆、青海一带的部落便馈赠了以小麦制成的食品。春秋时期，麦子已是中原地区司空见惯的作物了。我们的祖先很久以前就开始以麦秆为原材料进行艺术画的创作，但由于历史变迁和社会动荡，传说中的麦秆画一直难觅其踪。长期以来，人们将麦草视为祈福迎祥之草，东汉年间因传说麦草保护刘秀躲避王莽的追杀，麦秆画的艺术层次与寓意又有了历史性的发展与升华。

  长子县有着出色的麦秆画制作工艺价值和表现技巧，文化部将其誉为"中国民间艺术一绝"。作为赖以生存的主要食品，小麦历来被人们视为神圣之物，古人祭祀天地就赋予了小麦极高的地位，它象征丰收和财富。麦秆画也因为它的材质来源不仅具有浓厚的民间味道，又有着吉祥高贵的象征意味。长子地区的手工艺者结合长子县的神话传说、人文历史、自然风景，秉持着和谐共生的理念，创作出了多种多样的麦秆画作品，有以精卫填海、陶甂坛等为主题的神话故事作品，有以牡丹、竹子等为主题的花草类作品，有以龙、虎、鹰等为主题的动物类作品，这些作品都有清晰的层次、合理的透视、自然的光感，具有崭新的艺术表现效果的作品，表现天地风雨、花鸟虫鱼、人物风景、花卉动物等，栩栩如生，巧夺天工。

长子县麦秆画作品展（长子县人民政府网站　供图）

在大力发展旅游文创产品本身的同时，旅游纪念品的包装也格外重要。在设计中为纪念品包装赋予文化内涵的同时，也要顺应时代流行趋势，结合生活需求，使得包装让人眼前一亮。例如在长子县色头村的炎帝庙，庙门正中额有一朵木刻莲花的浮雕，通常被称为"一品青莲"，浮雕中的莲花栩栩如生、形象可爱，颜色以粉、蓝、白三色为主，其中展现的是中华民族品性高洁、公正廉洁的民族精神。在旅游纪念品的包装上，也可以适度地将当地独特的图案、颜色应用其中，特别是长子县作为精卫文化的起源地，精卫鸟是这里独一无二的形象代表,将"精卫"融入文创产品之中不仅有利于加深精卫文化的交流,也有助于打造精卫文化旅游品牌。

色头村炎帝庙献殿(长子县历史文化研究院 供图)

第三节 打造精卫文化旅游品牌

一、精卫祭祀大典

长子县灵湫庙因祷雨辄应,而被当地百姓立庙祭祀,建于何时已不得而知。自北宋政和元年,长子县令王大定上奏于朝,赐额"灵湫",至清顺治朝,600年间灵湫庙屡经修缮。每逢干旱少雨,当地官员百姓必定至灵湫庙祈雨祭祀,且祭文中亦包含着朴素的民本思想。如北宋王大定上疏《请赐灵湫庙额》记载:"臣大定躬率吏民,祷于祠下,未二日雨，阖境霑足。邻封接壤，有隔辙而土不濡湿者，神之灵异也。"明万历十四年（1586）苏子纶在《灵湫祷雨文》中亦写："神曰灵湫，何谓也哉？以其有祷辄应，无感不通，故特敕赐庙额，用昭灵异，示之久远……凡有殃咎宜加其身以示罚，奈何以有司之故，而累及无辜之万姓也耶！"久而久之，长子地区形成了在民间祭祀精卫的活动，并延续至今。

灵湫庙内的泉水（唐磊 摄）

如今，在民间举办的形如庙会的精卫祭祀活动很大程度上折射出中国传统民俗文化的丰富信息，不仅是人们娱乐生活的重要组成部分，同时还在政治生活和艺术生活中打上了富有长子特色的烙印。经过历史的积淀，精卫祭祀大典在潜移默化中不断影响长子民众的社会心理、价值取向，并不断在社会的伦理观念、思维模式和审美情趣中展现出来。长子县应依托丰富的自然资源及文化资源，打造特色旅游产业，在发鸠山、灵湫庙、仙翁山、羊头山、法兴寺、崇庆寺等处建立"华夏传统文化教育基地",恢复精卫祭祀大典。

习近平总书记曾说:"文化自信,是更基础、更广泛、更深厚的自信。在5000多年文明发展中孕育的中华优秀传统文化,在党和人民伟大斗争中孕育的革命文化和社会主义先进文化,积淀着中华民族最深层的精神追求,代表着中华民族独特的精神标识。"❶ 精卫文化是中华优秀传统文化的重要组成部分,是中华民族顽强生命力的重要体现,更是将华夏同胞紧密团结在一起的精神桥梁,而精卫祭祀活动对提高中华文化自觉有着重要意义。其一,群众广泛参与。每年三月十八,长子民众都会走出家门,参与庙会,以此来纪念精卫。正是这种极其广泛的群众参与性,通过民间祭祀活动,使广大群众从祭祀活动中了解精卫文化、感知精卫文化,以坚定文化自信,提高中华优秀文化自觉。其二,亲临现场,亲身参与。精卫祭祀活动植根于生活,与人们的日常生产生活紧密联系,因此,祭祀活动中的歌舞、祭文等所表达的正是人们的现实生活。参与者通过参加、体验一系列的祭祀仪式,不仅能深切感受精卫文化的丰富意蕴,更能产生对中华优秀传统文化的敬畏之情。文化自信与文化自觉的意识在这精卫祭祀大典中,不断增强,不断坚定。其三,肃穆庄严,神圣正规。《礼记·祭统》曾言:"礼有五经,莫重于祭。"自古以来,中华民族格外看重祭祀,从礼器、服饰到祭文、仪式都有颇多讲究与规范。恢复精卫祭祀大典可以增加祭祀

---

❶ 习近平.在庆祝中国共产党成立95周年大会上的讲话[N].人民日报,2016-07-02.

活动的严肃性与神圣性。祭祀场面的布置、音乐的演奏、视频的播放、祭文的书写、活动的流程，每一环节所营造的肃穆庄严氛围，都能将参与者带入一个特定而神圣的环境之中。在感化、净化、冲击中，让参与者感受到中华优秀传统文化的魅力。

二、文化旅游

近年来，我国旅游活动正处于从传统的观光式旅游向深层次的文化体验式旅游过渡的关键阶段。文化旅游作为长子县乃至山西省的新业态，不仅可以为高质量转型发展提供动力，而且对于建设现代化城市具有重要作用。

山西作为文化旅游大省，素有"五千年华夏文明看山西"的美誉，而长治又有着"中国文物看山西，山西文物看长治"的说法。相较于其他地区，位于长治西南隅的长子县，文化旅游资源丰富，前景广阔。这些旅游资源构成了长子县六种类型的景观文化：精卫文化、道教文化、俗庙文化、佛寺文化、奇石文化、儒家文化。这些景观文化互相支撑影响，共同构成了蔚为大观的长子传统文化旅游。

长子文化旅游可以从两方面进行发展。一方面要将非物质文化遗产与文化旅游相结合。如前文所述，长子县拥有丰富的非物质文化遗产传承技艺，如长子响铜乐器、麦秆画、长子根雕、潞州麻绳、剪纸、刺绣等，他们或与精卫文化起源与发展相关，或能够创作出以精卫为主题的手工艺品。这些非物质文化遗产是宝贵的民族文化资源，具有鲜明的民众色彩、浓郁的地域气息，从而成为独特的旅游资源。因此，

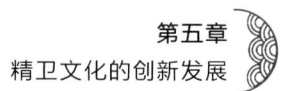

为了达到遗产保护与旅游发展的双赢，将非物质文化遗产保护与旅游开发相结合，采取保护性的旅游开发模式是一种必要且可行的选择。可以在旅游项目中通过静态参观与动态参与的方式增强游客旅游体验，感受工艺制品的美感，如举办以讲书、制陶、耕读、绩麻等活动为主的青少年夏令营，目前长子县正在探索并完善这一旅游内容。

另一方面，长子文化旅游在"以文化为灵魂、商业为核心、旅游为目的"的主导思想下，通过文脉传承、建筑遗迹等来提高文化旅游的竞争力与吸引力，营造长子文化旅游的活力与优化长子城市空间建构。在灵湫庙、制陶遗址公园等景区，不断加强景区内娱乐活动开发，深入挖掘景区的文化内涵，开展突出地方文化特色的文化娱乐活动，丰富游客的游览内容。正在建设中的长子县虎西街坊等历史文化街区，也是文化旅游的一种发展模式，历史文化街区的建设挖掘了地区特色文化，带动了地区文旅产业的发展，对于实现地区社会价值等都至关重要。

三、生态旅游

近年来，在国家的支持与推进下，建立了人与自然和谐共生的关系，不断推动社会科学发展。生态旅游作为生态发展的关键内容，是一种非消耗性资源利用方式，成为目前社会发展的关注热点，既可为当地居民带来经济效益，又可以为公众提供休闲娱乐的场所。百姓通过生态旅游的形式，能够真正认识自然、热爱自然，从而保护自然。因此，生态旅游作为一种绿色、可持续性的资源利用方式，使得各类生态旅游场所兼具了保护与发展的可能，切实践行着"绿水青山就是金山银山"的发展理念。

长子县有着发展生态旅游的坚实基础，如上文所说，长子地区地理条件优越，区域范围内天然条件较好，植被覆盖率较高，具有多种景群和谐共生的自然状态，有较高的自然开发条件。优越的地理环境也使长子县的区域发展交通条件获得了进一步的改善，无论是在铁路上位于京广和陇海两条国家级经济发展轴的结合区域，抑或是发达的县乡公路网络体系，都为生态旅游的开展提供了便捷的交通。目前，长子县作为山西省重要的县级城市，有着"国家园林城市""中国宜居宜业典范县"等荣誉称号，区域内"城在林中，路在绿中，房在园中，人在景中"，一街一树、一街一景、三季有花、四季常青，北高庙水上公园、城东森林公园、神农公园三大休闲绿地公园，也使长子形成了"通道绿化不断线，绿地公园镶城边"的独特景观。

长子生态（长子县历史文化研究院　供图）

第五章
精卫文化的创新发展

在发展生态旅游的过程中,环境友好、具有可持续性的旅游活动对当地生态环境的保护和发展至关重要,在一定意义上,这是一种必要且有深远影响的保护行为,其生态效益主要体现在旅游过程中的环境教育所带来公众亲近自然、体验自然、了解自然等观念上的转变。就个人来说,这种转变在潜移默化中能够提升为生态环境保护作出贡献的意愿;对于地方政府来说,生态旅游本身也是一种绿色的创收形式,在带来财政收入的同时,也能够进一步促进人与自然和谐共生。此外,以包括精卫湖国家湿地公园、发鸠山、仙翁山、羊头山等在内的自然风光也引领着社区经济发展多级支撑格局,借助"精卫"品牌优势,辐射周边区域,开展全域旅游,实现以自然风光旅游资源要素和区域自然、人文、产业、服务等其他资源要素的关联促动,也使生态旅游带来直接的经济收益。

远眺精卫湖(唐磊　摄)

生态旅游是在保护的前提下，充分体现自然风光的公益性、旅游方式的科学性，以及社区的参与性等内容，促进区域创造绿色经济、形成绿色发展，使绿水青山转变为金山银山。❶

首先，在充分发挥生态旅游带动区域经济可持续发展的同时，需要注意将保护第一和合理利用相结合，科学评估环境承载能力，根据各类自然景观功能和区域的不同，划分保护空间和利用空间，明确旅游活动的强度、规模和管理要求，在不影响生态环境保护的情况下进行旅游活动。其次，生态旅游应当坚持游客体验最佳化和影响最小化的原则，结合游客类型、来源地和需求等，设计类型多样、针对性强的旅游产品，为游客提供最优的游憩体验。同时，也需要加强生态旅游发展所需的基础服务、公共信息和安全保障等公共服务体系建设，重视生态旅游从业人员和志愿者的教育培训，切实提高生态旅游的服务水平和质量。相关法律法规也需要进一步制定完善，明确包括精卫湖国家湿地公园在内的自然风光景区的旅游方式和界限，加强旅游活动中的监管与执法。

四、红色旅游

文化是民族的血脉，是人们的精神家园。精卫文化中蕴含着中华民族不畏艰难、敢于抗战、百折不挠、矢志不

---

❶ 李博炎，等.生态旅游在我国国家公园中的定位及效益研究［J］.生态经济，2021（1）：111.

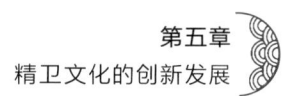

渝、嫉恶如仇的英雄气概与民族精神，在这种民族精神的深远影响下，长子地区出现了诸多可歌可泣的英雄人物与英雄事迹。

早在1925年这里就建立了中国共产党的基层组织，抗日战争爆发后，根据党中央的指示，八路军总部和一二九师在晋东南地区建立了以太行山和太岳山为依托的抗日根据地，后来发展成为晋冀鲁豫边区，这是当时华北最大的一块根据地。这块土地上发生了多次著名的战斗，留下了不可磨灭的光辉足迹。上党地区东距太行，西临太岳，地势险要，自古为兵家必争之地。1945年9月10日至10月12日，共产党军队为保卫山西抗战胜利果实，对国民党军进行自卫反击作战，史称上党战役。在刘伯承、邓小平的指挥下，晋冀鲁豫军区部队先攻城打援，再夺城打援，最后夺回被阎锡山部抢占的长治及周围5城，大获全胜。在一个多月的战斗中，共歼灭国民党军第19军、23军、83军等11个师约3.5万人，消灭阎锡山部队总兵力的1/3，全歼进犯上党的史泽波部及太原南下的援军。缴获山炮24门、机枪2000余挺，各种枪1.6万余支。上党战役是解放区军民在抗战胜利后，为保卫胜利果实进行的第一次大的自卫反击战。它的胜利，不仅给予进犯太行区的阎锡山军以迎头痛击，保卫了上党地区，而且有力地配合了中国共产党同国民党的和平谈判，促进了"双十协定"的签订。毛泽东在《关于重庆谈判》一文中，对上党战役的胜利给予了充分和高度赞扬："太行山、太岳山、中条山的中间，有一个脚盆，就是上党区。在那个脚盆里，有鱼有肉，阎锡山派了十三个师去抢。我们的方针也是老早定了的，就是针锋相对，寸土必争。这一回，我们'对'了,'争'了,而且'对'得很好,'争'得很好。就是说,把他们的十三个师全部消灭。他们进攻的军队共计三万八千人,我们出动三万一千人。他们的三万八千被消灭了三万五千,逃掉两千,散掉一千。这样的仗,还要打下去。"毛泽东在后来的各地讲话、报告中,也多次提及"上党战役精神",可以说上党战役是上党人民乃至山西人民的光荣。

位于长子县的北高庙烈士陵园不但是历史的见证,也是人们缅怀历史、接受爱国主义和革命传统教育的最佳场所和重要基地。而长子县的民间文化——长子鼓书在抗日战争

长子县北高庙烈士陵园(微信公众号"今日长子" 供图)

和解放战争时期也创作了《计取北高庙》《红炮手》等鼓书作品，这些作品的唱词多以宣传抗日思想和党政中心路线等内容为主，并于1942年在长子抗日县政府的指导下成立了"抗日爱国宣传队"，这些演出不断鼓舞、激励着人民群众的抗日精神，为发动群众响应抗战救国思想起到了很重要的作用。红色文化彰显了中国共产党的优良传统，也体现着中国人民顽强不屈的革命精神。以红色旅游促进城市发展和红色文化传承是中国特色社会主义文化建设的热点问题。

  时至今日，在长子县发展红色旅游的过程中，不仅依靠遗迹旧址，同时也与文艺创作相结合，积极主动进行红色题材的文艺作品的表演与再创作。新编一批富有艺术性、观赏性和教育性为一体的新型红色文化表演内容和形式，更好地体现红色文化的内在意义。在表演的过程中，可以采用投影、3D呈现等现代化媒体设施和技术手段，利用"声、光、电"技术使场景重现，提高游客的游览兴致。

  对于长子县，乃至长治这块红色的土地，当地人用"民族脊梁从这里挺起"来形容战争时期的丰功伟绩。而今天，在红色文化熏陶下的长子人民，正用这种英雄气概谱写着新的产业篇章。

结语

  精卫衔木石以填沧海的神话传说源远流长，在中国大地历经百世流传而不曾衰败。作为中国古代十大神话故事之一，精卫填海中蕴含着深厚的文化内涵与精神内涵，使得精卫的形象充满了不屈不挠的英雄气概，精卫以它渺小的努力与决绝的意志所带来的巨大反差，成为蕴含巨大精神力量的载体。其中既有鲜明的复仇决心，又传达出普济众生的悲悯情怀；既有不向命运低头的人格力量，又折射出为信念而牺牲的殉道者的悲壮色彩。精卫文化从古至今一直鼓励着长子人奋发图强、励精图治。如今，这种精神不仅激励了长子开创新时代新篇章，也成为民族精神的重要代表，鼓舞着整个中华民族。

  精卫文化绵延不绝，在历史发展的长河中，它逐渐从特定的集体与意识经验中脱离出来，成为一种普遍的文化和精神资源，一代又一代的中国人从中获取精神力量。在长子县,精卫文化和民间习俗与地方特色深度融合,在注重表现时代特色的前提下,深层发掘传统文化内涵,讲述文化知识,阐释人文价值,解读思想观念,产生了丰富多彩的精卫文化活动印记,进一步树立文化自信。精卫文化与时代同频共振,直至今日依然在广袤的中原大地这片肥沃的土壤中获得新生,唤醒精卫文化的生命力乃至生长力,绽放出令人欣喜的花朵。

长子县历史文化研究院
二〇二一年八月

参考文献

[1] 长子县志编纂委员会.长子县志[M].北京：海潮出版社，1998.

[2] 李汝珍.镜花缘[M].张友鹤，校注.北京：人民文学出版社，1955.

[3] 邹弢.海上尘天影[M].哈尔滨：黑龙江美术出版社，2014.

[4] 袁珂.中国古代神话[M].北京：华夏出版社，2013.

[5] 茅盾.中国神话研究初探[M].上海：上海古籍出版社，2011.

[6] 王增永.神话学概论[M].北京：中国社会科学出版社，2007.

[7] 朱恒夫.中国傩戏剧本集成[M].上海：上海大学出版社，2018.

[8] 李建文.始祖炎帝在长子[M].太原：山西人民出版

社，2017.

［9］蒋寅.作为文化原型的精卫神话［J］.北京师范大学学报，2010（1）.

后记

从人类发展的历史规律来看，任何一个民族，步入繁荣兴盛的新阶段，都会伴有文化的复兴，而每一次复兴都有一个共同点，那就是他们的文化重心会回到这个民族历史文化的源头，也就是起源文化。对起源文化的探究，会让一个民族寻回自身的文化基因，从文化中获得警示，从文化中汲取力量，从民族根性文化和源头文化之中去挖掘原生的动力和潜力，然后得到再创造、再发现、再前进的源发性活力与动力。

循着这一思路，《中国起源地文化志系列丛书》按照主题梳理各类物质、非物质文化现象的起源和发展，将该文化现象的历史溯源、地理环境、发展脉络、时空传播、资源特色、民俗特征、品牌成长等进行系统挖掘整理，以文化起源及其生长、发展、演变为核心，通过组织相关学科专家学者开展实地田野考察，对综合史料典籍加以分析，形成科研成

后 记

果报告式著作,并对起源地文化的保护、传承、产业发展提出大量切实可行的建议,具备重要的科研、科普、教育、收藏价值,可为地方文化产业发展、知识产权保护提供思路和案例,并为区域经济社会发展和城市建设提供参考。

该丛书吸收国内各相关学科专家学者组成专家库,负责选题策划、专题研究、田野考察和成果论证,努力为形成文化起源地研究智库做出探索。

中国精卫文化起源地研究课题组专家对本书的编写与修改完善给予了悉心指导和严格把关,提出了很多宝贵建议,同时,本书还征求了广大专家学者、精卫文化研究者和爱好者的意见,在此,向课题组专家、学者、精卫文化研究者和爱好者表示感谢。

精卫文化是中华优秀传统文化的重要组成部分,是中华民族勤劳和智慧的结晶,凝聚着自强不息、锲而不舍的民族精神,是中国人民世代积淀传承下来的精华部分。中国起源地文化志系列丛书《中国精卫文化·山西长子卷》对于深入挖掘中华民族优秀传统文化蕴涵的思想观念、人文精神、道德风范,实现创造性转换创新性发展,让中华文化展现出永久魅力和时代风采具有重要意义。

《中国起源地文化志系列丛书》之《中国精卫文化·山西长子卷》的编写系公益性的学术研究,是一批志同道合的精卫文化爱好者和研究者对精卫文化的起源、发展脉络、研究成果等进行了相对系统的梳理,旨在对精卫文化的相关研究、保护和创造性转化创新性发展提供一定的资料和建议参考。由于时间和参与人员的知识、能力有限,难免会出现疏漏和谬误,敬请广大读者批评指正。

精卫文化源远流长，精卫文化的研究是精卫文化传承与创新的重要实践，并将随着时代的发展历久弥新。未来，愿我们一道继续研究、传播、发展精卫文化，讲好中国故事、讲好精卫文化故事。

刘德伟　李竞生
二〇二一年八月于北京

起源地文化传播中心简介

起源地文化传播中心于 2015 年 11 月正式批准成立，以探寻中华起源，增强文化自信为宗旨，主要职责是组织中国起源地智库专家研究梳理各物质、非物质文化的起源，跟踪中国起源地文化动态，把握中国起源地文化发展理念、趋势、机制和特点，就中国起源地文化的发展，各区域内的物质和非物质领域等进行实地调研和发展策略研究，是起源地文化产业研究与发展的专业机构。

起源地文化传播中心紧紧围绕"探寻中华起源，增强文化自信"这一宗旨，主要以起源地文化与知识产权，起源地文化与品牌建设，起源地文化与守正创新，起源地文化与产业融合发展为核心，开展专项课题研究、研讨会、培训、论坛，文化创意产业规划策划，乡村振兴规划策划，品牌文化建设与推广，起源馆的规划与运营，知识产权体系规划策划，起源地信息数据标准化推广，大型活动策划与运营等文化产业相关业务。

中国起源地智库专家委员会

起源地文化传播中心汇集专家团队构建中国起源地专家智库，目前，中国起源地智库专家达到270余位，汇集了国务院发展研究中心、中国艺术研究院、中国文联、北京大学、清华大学、中国科学院、中国社科院、中国农科院、中国人民大学、中央财经大学、中国传媒大学、浙江大学、上海大学等高校、研究单位，涵盖经济、文化、社会科学、教育、民间文化等领域，开展了30余项重大课题研究工作。

国务院发展研究中心中国起源地文化研究课题组

起源地文化传播中心与国务院发展研究中心东方所于2016年3月共同成立中国起源地文化研究课题组。课题组组长分别由起源地文化传播中心主任、起源地城市规划设计院院长李竞生，国务院发展研究中心副研究员张晓欢担任。自成立以来，课题组秉承"唯实求真，守正出新"的核心价值，汇集融合国务院发展研究中心专家与中国起源地智库专家，通过运用国家政策导向研究起源地文化重大课题，赴浙江宁波、吉林四平、湖北襄阳、甘肃甘南等地进行实地田野调研并取得重要成果。

起源地文化传播中心简介

《中国起源地文化志系列丛书》编辑委员会

起源地文化传播中心与知识产权出版社于2018年11月共同成立《中国起源地文化志系列丛书》编辑委员会。根据《〈中国起源地文化志系列丛书〉编纂出版规范》已出版了《天妃文化在宁波》《中国旗袍文化·沈阳卷》《中国葫芦文化·天津宝坻卷》《民间文化起源地探源与文化创意产业研究》《中国精卫文化·山西长子卷》，今后将陆续出版《中国起源地名录》《中国葫芦文化·辽宁葫芦岛卷》《中国纸上刀绘文化》等著作。

起源地信息数据标准化技术委员会

2020年9月，起源地文化传播中心与中国科学院自动化研究所共同成立了起源地信息数据标准化技术委员会。起源地信息数据标准化技术委员会主任由起源地文化传播中心主任、起源地城市规划设计院院长李竞生，中国科学院自动化研究所人工智能与数字医疗中心主任、物联网与智能感知实验室主任李学恩担任。起源地信息数据标准化技术工作的开展为进一步建立和完善起源地文化事业和文化产业信息数据标准体系，推动起源地文化与科技相融合，为起源地文化又好又快发展奠定坚实基础。

中国民协中国起源地文化研究中心

中国民协中国起源地文化研究中心是由中国民间文艺家协会于2016年5月批准成立的起源地文化研究机构。由中国民间文艺家协会、中国文联民间文艺艺术中心主管，接受中国文联、中宣部、文化和旅游部的业务指导。主要职责是梳理中华优秀传统文化脉络，记录各物质、非物质文化的起源，传承和发展中华优秀传统文化。中国民协中国起源地文化研究中心将继续保持与政府部门、研究机构和企业界的广泛联系和密切合作，用高水平的研究成果和咨询意见为政府和社会服务。

中国西促会起源地文化发展研究工作委员会

起源地文化传播中心与中国西部研究与发展促进会于2014年12月共同成立中国西促会起源地文化发展研究工作委员会，由全国政协副主席、中国西促会会长李蒙亲自授牌成立。主要职责是研究中国西部地区起源地文化事业及相关产业，促进我国东、中、西部融合发展，为国家"一带一路"倡议贡献力量。自成立以来，开展了"一带一路"探寻起源地文化万里行走进宁夏中宁、甘肃和文化扶贫、文化贸易等工作。

起源地文化传播中心简介

中国起源地网

中国起源地网（www.qiyuandi.cn）是由起源地文化传播中心主办的新媒体综合服务平台，涵盖了20余个频道和50余个主题，传播起源地文化声音，弘扬文化价值。目前，以中国起源地网为核心，申办了新华号、人民号、起源号、微信公众号、今日头条号、搜狐号、网易号、一点资讯号、百度号、企鹅号、凤凰号、抖音、快手等组成新媒体传播矩阵。中国起源地网立足于强有力的起源地文化传播优势，兼并自身传播的特色优势，以及新媒体的发展优势，完成了辐射受众群体和吸引大众关注视线的全方位人群覆盖，以服务心态赢得公众青睐！

中国起源地媒体联盟

中国起源地媒体联盟的主要职责是传播中华优秀传统文化，讲好中国起源地文化故事，让中华优秀文化走出去。截至目前，中国起源地媒体联盟由来自人民日报社、新华社、中央电视台、中国日报网、央广网、国际在线、中国网、光明网、中国台湾网、东方网、中国江西网、中国甘肃网、网易、腾讯网、新浪网、凤凰网等241位记者组成，共同传播起源地文化。完成全程跟踪报道中国起源地文化论坛、中国旗袍文化节、中国枸杞文化节、中国满族文化节等重大活动。发布了起源地文化原创稿件10800篇，转载了起源地文化新闻稿件180000余篇，阅读传播量累计达到150亿人次。

起源云——中国文旅科教云平台

起源云是新时代文化电商、知识付费创新型平台，是起源地文化传播中心旗下的中国文旅科教等行业的综合服务云平台，是起源地大数据库信息系统，是品牌、产品、文化、旅游、科技、教育等领域的源头数据库。提供源视频、源声音、源品牌、源文创、源产品、源作品、源思想、源课程、源直播、源资讯等内容，微信一键登录。起源云为广大用户提供起源号服务功能，各企事业单位可以在起源云上开设自己的云平台。目前，已取得国家工信部颁发的增值电信业务经营许可证和艺术品经营单位许可证等相关许可证件。

起源地文化传播中心自成立以来，完成了一系列具有重要价值和重大影响的研究成果，为国家和地方政府提出了大量政策建议，为起源地文化发展作出了贡献。同时，起源地文化的广泛传播为讲好中国故事，让中国文化走出去，传承、发展中华优秀传统文化起着越来越重要的作用。

附 录

附件1：关于申报中国起源地文化研究课题的管理细则

【2020年修订版】源字第[2020]11号

总则

为贯彻党的十九大会议精神，坚定以习近平新时代中国特色社会主义思想为指导，进一步加大传承和发展中华优秀传统文化力度，推动文化产业转型升级，根据中共中央办公厅、国务院办公厅印发的《关于实施中华优秀传统文化传承发展工程的意见》并发出通知要求各地区各部门结合实际认真贯彻落实的精神。由起源地文化传播中心组织中国民间文艺家协会中国起源地文化研究中心、中国西部研究与发展促进会起源地文化研究与发展工作委员会、中国起源地智库专家联合成立中国起源地文化研究课题。

中国起源地文化研究课题是深入实地调研、田野调研、研讨论证，对各地区的起源地文化进行脉络梳理，对文化产业发展的政策、理论和现实问题进行研究，以及理论成果转化和应对对策研究。

为实现起源地文化研究课题管理工作的科学化、规范化、制度化，提高起源地文化研究课题的质量，规范研究课题的评审，促进研究课题成果的转化，制定本管理细则。

一、宗旨

探寻中华起源增强文化自信。

二、申报内容及领域

（一）文化；（二）遗产；（三）节日；（四）艺术；（五）技艺；（六）传承人；（七）创始人；（八）体育；（九）科技；（十）教育；（十一）农业；（十二）地名；（十三）品牌；（十四）综合等。

三、申报单位要求

（一）政府部门

1. 政府部门申报项目应当符合国家文化产业政策发展方向，对文化产业发展具有服务或示范作用，重点是国家或地方文化发展改革规划所确定的重点产业项目和优秀的民间传统文化。

2. 原则上乡镇政府部门一个申报单位只能申报一个起源地文化研究课题项目。市县政府根据该区域发展重点，可申报多个起源地文化研究课题项目，同一项目不得多头申报或与其他来源渠道重复申报。

3. 贯彻落实《中共中央国务院关于积极发展现代农业扎实推进社会主义新农村建设的若干意见》（中发 [2007]1 号）精神，进一步加快发展一村一品，促进强村富民，推进社会主义新农村建设，构建和谐农村。

（二）企事业单位

1. 申报者为企事业单位的应为 2020 年 12 月 31 日前在中国境内依法注册设立、具有独立法人资格的文化企业。财务管理制度健全，会计信用和纳税信用良好，具有一定规模实力、成长性好，最近三年内未受到文化行政部门或文化市场综合执法机构处罚，无其他违法违规记录，且不存在重大法律纠纷。

2.申请项目应体现正确政治导向和文化方向，有利于弘扬社会主义核心价值观，预期社会效益和经济效益显著，符合国家文化产业重点发展方向，对当地文化产业发展有明显促进和示范作用。

3.原则上一个企业只能申报一个起源地文化研究课题项目，一个企业集团只能申报两个起源地文化研究课题项目（含企业集团下属企业项目）。企业集团下属企业申报须经企业集团审核并出具推荐函。

4.同一项目不得多头申报，或与其他来源渠道重复申报。

5.凡申报单位是企业的，必须由分管单位推荐。

（三）个人

参照以上（二）条款。

四、申报流程

第一阶段：申报

（一）填写中国起源地文化研究课题项目申报书（以下简称申报书）

1.对申报项目名称申、报者、申报目的和意义进行简要说明；

2.对申报项目的历史、现状、价值和传播状况等进行说明；

3.保护、传播计划：对未来三年的传播、保护和管理机制等进行说明；

4. 认真填写以上内容，内容属实。

（二）申报材料清单

1. 申报书（按规定认真填写）；

2. 申报者的有效证件（营业执照、居民身份证等有效证件）；

3. 辅助文件：

A. 申报项目的文字记载、史料等相关资料（出版物、音像资料）；

B. 申报项目的其他辅助材料。

（三）其他有助于说明申报项目的必要材料

注：将上述材料邮寄至北京市海淀区成府路268号院中国起源地文化研究中心。

第二阶段：初步审核

（一）对该项目的申报书及申报材料进行初步审核

（二）对该项目的初步审核的结果在5个工作日内以书面形式告知申报单位或申报人

第三阶段：调研

（一）对该起源地文化研究课题申报项目组织相关专家进行实地调研

（二）将该起源地申报项目在实地调研过程进行记录，并签署专家调研意见

（三）在7个工作日内将调研结果书面告知申报单位或申报人

第四阶段：课题研究

（一）成立专项课题组

（二）组织专家研讨

（三）编写课题报告

第五阶段：课题评审

（一）申报单位代表进行现场答辩

（二）专家评审并签署意见

（三）对课题研究成果进行发布

第六阶段：知识产权保护

研究成果将向中国版权保护中心申请登记，并取得由中华人民共和国国家版权局统一监制的证书。

起源地文化传播中心
中国民协中国起源地文化研究中心
中国西促会起源地文化发展研究工作委员会

附件2：

申报项目代码：_____

中国起源地文化研究课题项目

申报书

申报项目类别：_____
申报项目名称：_____
项目所在地域：_____

年　月　日

第一章　基本信息

属　　地		申报名称	
申报单位		负责人	
通信地址		邮　　编	
电　　话		传　　真	
电子信箱			
所在区域及其地理环境			

第二章　申报项目说明

类别		代码	
区域			
基本内容			
历史来源			
文化价值			
发展现状			
发展规划			

第三章 申报项目管理情况

管理组织	组织名称		责任人	
	通信地址		邮　编	
	电　话		传　真	
	电子信箱			
资金投入情况				
已采取的保护措施				

第四章 申报项目的保护与传播计划

保护内容			
传播计划			
三年计划	时间	措施	预期目标
保护措施			
宣传计划			
建立机制	在实施三年保护传播规划中，重点抓好：（一）有保护规划（二）有保证措施（三）有领导分管（四）有直接责任人（五）有资金保障（六）有传播计划		
经费预算及其依据说明			
备注			

第五章　申报推荐单位

申报单位意见	
	签字（盖章）
推荐单位意见	
	签字（盖章）

填表注意事项

1. 填写前，请先仔细阅读封底的有关要求。然后，按照要求认真填写。

2. 电子版请采用仿宋体四号字，行距为固定值24磅，标准字间距。

3. 手写请用钢笔、签字笔填写。字迹务必工整清晰，以使电脑录入时易于辨认。

4. 证书复印件、图片、历史记载等图文相关辅助资料请以附件形式放置本申报书后。申报书封面申报项目名称处务必加盖申报单位公章。

5. 本申报书复印无效。

6. 邮箱：xxzx@qiyuandi.cn。

7. 邮寄地址：北京市海淀区成府路268号中国起源地文化研究中心。

8. 联系人：唐磊，于滢，座机：010-62575309，电话：18911123926。

位置	序号	项目	填写要求
封面	1	申报项目类别	（一）文化（二）遗产（三）节日（四）艺术（五）技艺（六）传承人（七）创始人（八）体育（九）科技（十）教育（十一）农业（十二）地名（十三）品牌（十四）综合等
	2	项目申报名称	根据实际申报项目进行填写
	3	项目所在区域	详写至街道或乡镇
第一章	4	属地	填写申报项目所在的县级行政区
	5	申报名称	根据实际申报项目进行填写
	6	申报单位	申报项目的主体
	7	负责人	负责人应为申报单位的法定代表人、主要管理者、主要负责人，负责人填写的信息应与身份证信息一致
	8	通信地址	地址请尽量写详细，省、市、区、县、街道、门牌号、楼号（单元）号、楼层号、室号应写齐，不可省略
	9	邮编	申报者所在区域邮政编码
	10	电话	申报者和负责人电话
	11	传真	申报者和负责人传真
	12	电子信箱	申报者和负责人电子信箱
	13	所在区域	所在地理位置，气候、土地、河流、湖泊、山脉、矿藏以及动植物资源等地理环境
第二章	14	类别	请参见对第1项"申报项目类别"的要求
	15	代码	无需填写
	16	区域	详写至街道或乡镇
	17	基本内容	申报项目的经济、文化、发展理念等多角度进行基本情况介绍
	18	文化价值	申报项目文化的重要意义和重要价值，以及所推动文化
	19	历史来源	根据文字记载史、考古挖掘、重大发现、口述史、其他依据等资料来填写
	20	发展现状	申报项目目前发展情况介绍
	21	发展规划	申报项目未来发展规划介绍

续表

位置	序号	项目	填写要求
第三章	22	组织名称	实施管理本项目的单位全称
	23	责任人	是本申报项目的负责人
	24	通信地址	请参见对第8项"通信地址"的要求
	25	邮编	组织单位所在区域邮政编码
	26	电话	组织单位和责任人电话
	27	传真	组织单位和责任人传真
	28	电子信箱	组织单位和责任人电子邮箱
	29	资金投入情况	个人、团体、政府、企业等对本文化项目的资金投入情况
	30	已采取的措施	个人、团体、政府、企业等对本文化项目进行挖掘、传承、梳理等采取保护措施的情况
第四章	31	保护内容	对本文化项目采取的各项保护内容
	32	传播计划	对本文化项目采取的传播计划
	33	三年计划	未来三年内所计划规划的产业、宣传传播、活动、园区建设等计划
	34	保护措施	对本项目采取的保护措施
	35	宣传计划	对本项目采取的宣传计划
	36	建立机制	对本项目机制建立情况介绍
	37	经费预算	对本项目投入经费预算与计划
第五章	38	申报单位意见	申报单位意见、签字盖章
	39	推荐单位意见	申报单位为企业和个人的应由属地主管单位填写推荐意见并盖章,申报单位为政府部门、事业单位、行业协会的由起源地文化传播中心填写推荐意见并盖章